НОВАЯ ИСКРА

3

Second edition

Nuffield
Russian
Project

Published by John Murray for the Nuffield Foundation

Acknowledgements

Novaya Iskra 3 first appeared as the result of collaborative efforts by a number of experienced teachers of Russian in British schools: Ken Smith (General Editor), Cleeve School; Kevin Smith (Cleeve School); Natalie Waters (Balcarras School); Vaughan Webber (Katharine Lady Berkeley's School); Dave Bareham (Elizabethan High School); Martin Higgins (formerly of Bransholme Senior High School); Gillian Wales (Cator Park School); Liliana Barnard (Downe House School); and Patricia Cockrell (formerly of The Maynard School and Exeter School). Russian consultants were Rita Milman of School No. 1 in Sochi and Tanya Webber of the City Technology College in Kingshurst, Birmingham.

The new material for *Novaya Iskra 3 Second edition* was contributed by Maggie Bowden (formerly of Hylands School, Chelmsford) and Richard Hawkins (Newcastle-under-Lyme School).

The editor on both editions was Diana Roberts, who also keyed all the new material for this edition.

The Nuffield Russian Project and the publishers would also like to thank the following people who contributed to the recording of the cassettes: Olga Bean, Mikhail Belov, Svetlana Dyer, Nikolai Lipatov, Tanya Lipatova, Peter Reznikov, Tanya Webber, Valerya Karpova-Barber, Sergei Nenashev, Yelena Walters.

The author and publishers are very grateful to Dr Geoff Rolfe for his assistance in supplying the photographs which appear on pages 33, 36 (Moscow), 70, 90, 112, 141 and Stephen Pargeter for the photograph on p. 32. We would also like to thank Associated Press Photo for their permission to reproduce the photographs on p. 10, Aeroflot for their permission to reproduce the Aeroflot symbol on page 94, and McDonalds for their permission to reproduce the Moscow McDonalds menu on p.123.

All other photographs were supplied by the authors; the artwork is by Peter Myatt of Designer Prints.

The Nuffield Russian Project group must also thank Anthony Tomei and Dieter Pevsner of the Nuffield Foundation. Without their help and advice and the financial support of the Foundation, the project would not have been viable. We are similarly indebted to Steve Pargeter for his work on design, layouts and typesetting, Lastly, but by no means, least, our thanks go to Carolyn Burch, Modern Languages Publisher at John Murray, whose editorial help, advice and suggestions were invaluable.

This edition first published 2002
Reprinted 2004

by John Murray (Publishers) Ltd., a member of the Hodder Headline Group
338 Euston Road
London NW1 3BH

A CIP record for this book is available from the British Library.

ISBN 07195 8047 1

Designed and typeset by Stephen I Pargeter, Banbury, Oxon
Printed and bound in Great Britain by Athenaeum Press Ltd.

Contents

Introduction

Novaya Iskra 3 is the third and final part of a complete GCSE Russian course. *Novaya Iskra* replaces the previous *Iskra* course and has been written to meet the needs of students taking the GCSE examination based on the new syllabuses introduced in September 2001.

- Each unit (*Urok*) covers one topic area
- Each task (*Zadanie*) practises one or more of the four skills:

  Listening

  Speaking

  Reading

  Writing

  The listening tasks are based on the cassette recording which accompanies this book.
- In each unit there are also a few exercises called *Proverka* – these are an opportunity to check your understanding of the language points covered in the preceding tasks by translating some phrases from English into Russian.
- Each unit ends with a summary list in English of the language structures covered by that unit, and the vocabulary introduced as new words in the unit. You can use these pages for reference or revision.
- All the instructions for the tasks are in Russian – see pages v and vi for guidance on this.

Place names, prices of items, and other background information facts are as up-to-date as possible at the time of printing (prices are based on an exchange rate of 43 roubles to £1 sterling).

List of rubrics

These 'rubrics' or instructions are similar to the ones you will find in your GCSE examination papers and they are used throughout this book to give you practice in the kind of tasks you will be doing in the exam. The English translations are given here so that if you are not sure what you should be doing for a particular task, you can check the meaning of the instructions. However, you will soon become used to the Russian instructions and be able to use them without reference to this list.

Вставьте нужные слова	Put in the necessary/required words
Вставьте пропущенные слова	Put in the missing words
Вставьте в правильном порядке	Put in the correct order
Внимательно	carefully/careful!
Выберите	Choose
Вам уже дали некоторые подробности	You have been given certain details already
Как вы думаете?	What do you think?
Задавайте друг другу разные вопросы	Ask each other various questions
Задайте партнёру вопросы	Put questions to your partner
Закончите эти предложения	Finish off these sentences
Замените	Substitute.../Replace...
Запишите	Jot down
Заполните таблицу	Fill in the grid/table
Используя ваши записки	Using your notes
Вы играете роль...	You are playing the part of
Вы с партнёром играйте роли	With your partner play the roles of
Исправьте ошибки	Correct the mistakes
и т.д. (и так далее)	and so on/etc.
Вы можете...?	Can you...?
Можно...?	Can you...?
Вам надо (ответить)	You must (answer)
Найдите...	Find...
Напишите...	Write down...
Напишите подробнее	Write down in more detail
Напишите письмо (на тему)	Write a letter (on the topic of)
Какое слово здесь неуместно?	Which word doesn't go with the others?
Кто что говорит?	Who says what?
Например	For example
Обменяйтесь ролями	Exchange roles
образец	model
Они не по порядку	They are not in the right order
Опишите...	Describe...
Ответьте на вопросы	Answer the questions

Какие ошибки он/она делает?	What mistakes does he/she make?
Перепишите…	Copy out…
Перескажите (этот рассказ)	Retell (this story)
по-английски	in English
как можно подробнее	in as much detail as possible
подходящий ответ	a suitable/appropriate reply
подчёркнутые слова	the words underlined
Покрасьте	Colour…
полностью	in full
Вы получили (письмо)	You have received (a letter)
Вы понимаете?	Do you understand?
Попросите (вашего) партнёра…	Ask your partner to…
Посмотрите на картинки	Look at the pictures
предложения	sentences
снимки	photos
список	list
Поставьте галочку	Put a tick
Правда или неправда?	True or false?
Правильны ли предложения или нет?	Are the sentences correct or not?
Представьте себе	Imagine…
Придумайте…	Think up/devise
Придумайте сами отсутствующие подробности	Think up the missing details for yourself
Прослушайте запись	Listen to the tape
Прочитайте…	Read…
Как хорошо вы разбираетесь в…?	How good are you at…?
Работа в парах / Работайте с партнёром	Work in pairs/work with a partner
Работа в группе	Work in a group
различия	differences
Разыграйте диалог в парах	Perform the dialogue in pairs
Разыграйте роли ...	Take on the roles of…
Расскажите (друзьям)	Tell (your friends)
сведения	information
Скажите	Say…
Но смотрите!	But be careful!
Соберите все…	Collect all the…
Он(а) может согласиться или отказаться	He/she can agree or refuse
Вы согласны?	Do you agree?
Соедините	Join up
в соответствии	in accordance with
Составьте (с партнёром) диалог	Make up (with your partner) a dialogue
Составьте свою загадку	Make up your own riddle/puzzle
Спросите (вашего) партнёра	Ask your partner
Сравните…	Compare…
Узнайте…	Find out…
Укажите…	Indicate…
Употребляя…	Using…
Упражняйтесь с партнёром в следующих диалогах	You and your partner practise the following dialogues
Вы услышите голоса не по порядку	You will hear the voices not in the right order
Уточните…	Determine/specify…

УРОК 1 Давайте познакомимся

Задание 1

Прослушайте запись и узнайте, как с кем-нибудь познакомиться.

Задание 2

Прослушайте запись и укажите, кто с кем знакомится.

Например: 1 (2а)

1	Джон Пирсон	**а**	Пьер Леблан
2	Иван Александрович Петров	**б**	Николай Петрович Аксёнов
3	Анджела Браун	**в**	Патриша Мур
4	Нина Антоновна Савина	**г**	Татьяна Ивановна Шурина
5	Роберт Макэнзи	**д**	Анна Павловна Никитина
6	Джулия Остберг	**е**	Мария Павловна Гордеева

Задание 3

Работа в парах. Выберите одну из фамилий из Задания 2 и познакомьтесь друг с другом.

Вы говорите:	Он/Она говорит:
Давайте познакомимся,	Меня зовут ________
меня зовут ________ а	а фамилия ________ .
фамилия ________ . А вас?	

Откуда вы?

Задание 4

Прослушайте запись и узнайте откуда эти люди.

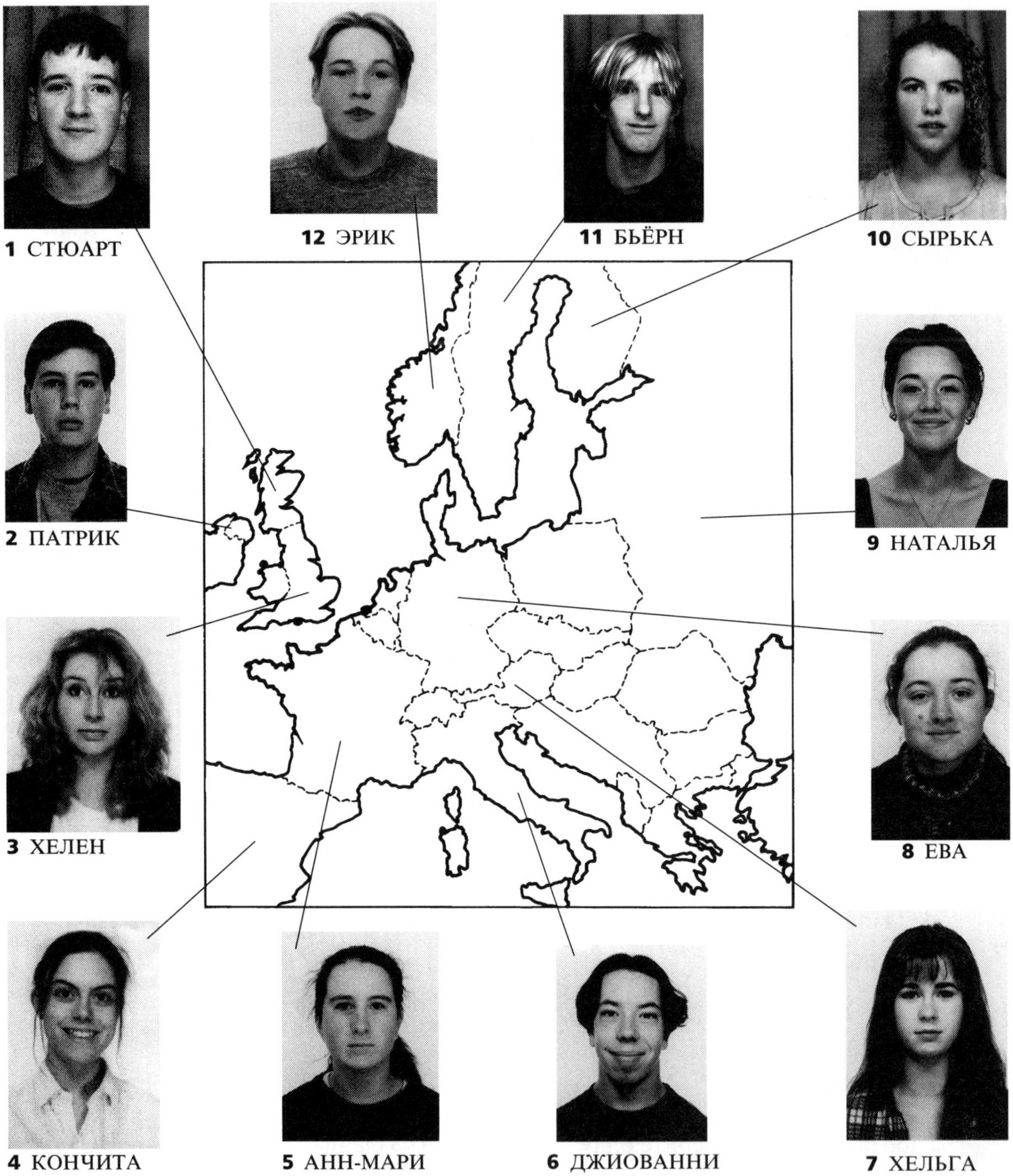

Задание 5

Прослушайте запись ещё раз и на этот раз уточните, кто говорит. Они вам скажут, откуда они.

Например: 1 Я из Англии – значит это говорит Хелен.

Задание 6

Прочитайте международные автомобильные наклейки и напишите названия стран, которым они принадлежат.

Например: 1 = н

1	A	5	D	9	GB	13	NL
2	B	6	DK	10	IRL	14	P
3	CH	7	E	11	I	15	SF
4	S	8	F	12	N	16	RUS

а	Германия	**д**	Португалия	**и**	Италия	**н**	Австрия
б	Франция	**е**	Голландия	**к**	Ирландия	**о**	Бельгия
в	Испания	**ж**	Финляндия	**л**	Великобритания	**п**	Швейцария
г	Дания	**з**	Швеция	**м**	Россия	**р**	Норвегия

Задание 7

Каким странам принадлежат следующие наклейки? Соедините букву и номер.

Например: а = 6

а	GR	б	TR	в	H
г	PL	д	R	е	BG

1	Болгария	**3**	Венгрия	**5**	Польша
2	Турция	**4**	Румыния	**6**	Греция

Задание 8

Ваш партнёр вам скажет, как зовут кого-нибудь. Вам надо ответить, откуда этот человек.

1	Алан	GB	**5**	Гюнтер	D	**8**	Ханс	DK
2	Джина	I	**6**	Мишель	F	**9**	Рольф	S
3	Бернард	B	**7**	Ингрид	N	**10**	Марэйка	NL
4	Хозэ	E						

Задание 9

Посмотрите на список людей в десятом задании. Потом напишите, откуда они.

Например: Алан из Великобритании.

Как называется столица…?

Задание 10

Как хорошо вы разбираетесь в географии? Укажите, как называются столицы следующих стран. Но смотрите, они здесь не по порядку!

Заполните таблицу.

1	Столица Франции называется		Москва
2	Столица Англии называется		Рим
3	Столица Испании называется		Гаага
4	Столица Италии называется		Париж
5	Столица России называется		Берн
6	Столица Германии называется		Лондон
7	Столица Швеции называется		Мадрид
8	Столица Швейцарии называется		Эдинбург
9	Столица Голландии называется		Стокгольм
10	Столица Шотландии называется		Берлин

Я живу в Шеффилде в Англии

Задание 11

Прослушайте запись. Молодые люди вам скажут не только в каком городе, но и в какой стране они живут.

а Укажите название города – например: Мэри – Дублин.

б Укажите название города и страны.

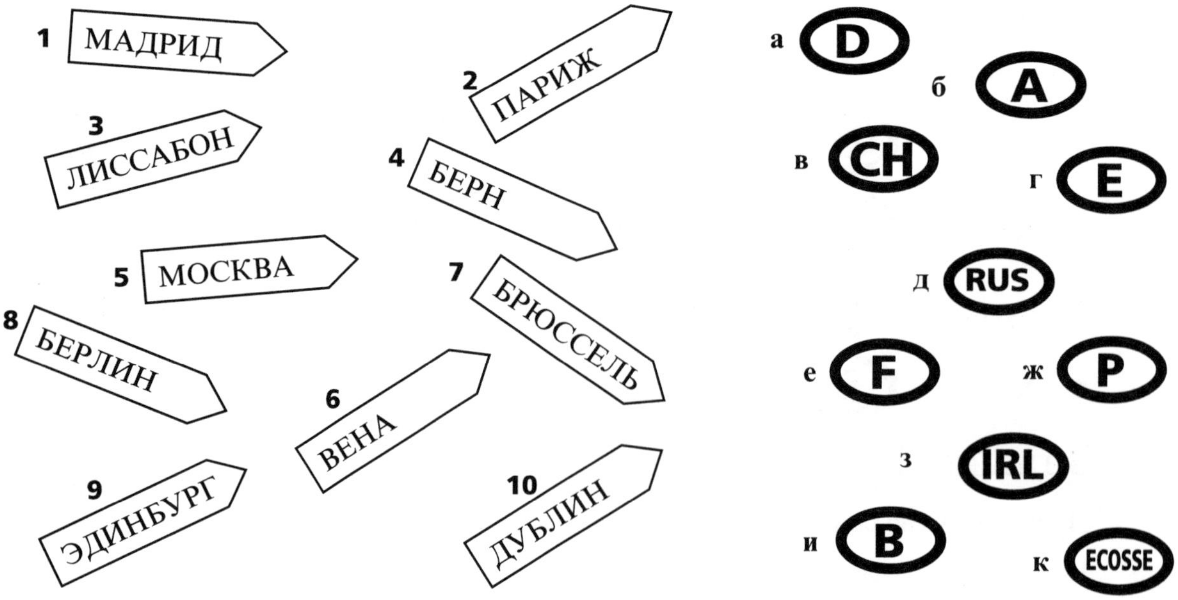

Где вы родились?

Задание 12

Прослушайте запись и укажите, где родились эти люди.

Например: 1 Анна – 4 в Канаде

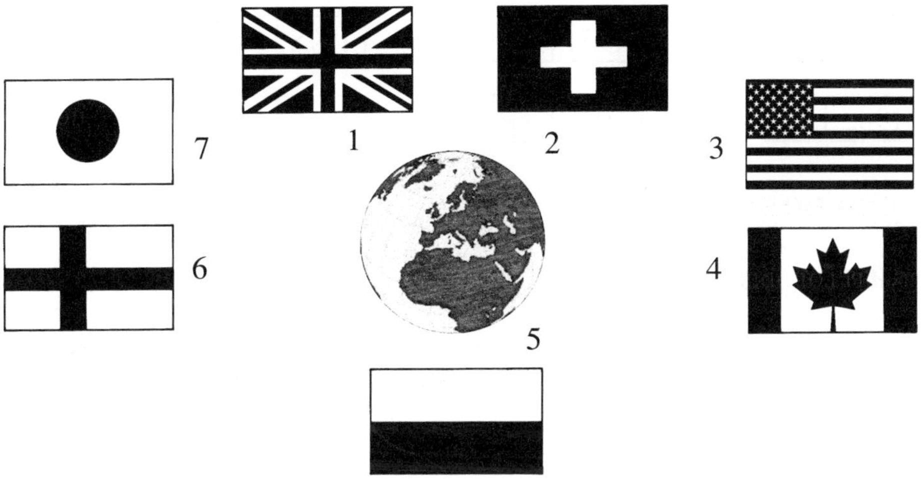

Задание 13

В какой стране родились эти хорошо известные люди? Они не поп-музыканты и не футболисты!

1 Майкл Шумахер
2 Владимир Путин
3 Тим Хенман
4 Тони Блэр
5 Клинт Иствуд
6 Людвиг ван Бетховен
7 Джон Ф Кеннеди
8 Уильям Шекспир
9 Брад Питт

В каком году вы родились?

Задание 14

Прослушайте запись. Эти люди вам скажут, в каком году они родились.

1 Я родилась в 1981-ом году

2 Я родился в 1982-ом году

3 Я родился в 1983-ем году

Задание 15

Прослушайте запись. В каком году родились эти люди? Напишите 1–12.

Например:

1984	**8**	1976		1964		1955	
1947		1931		1978		1969	
1982		1945		1953		1971	

Когда они родились?

Задание 16

Посмотрите на родословное дерево внизу и прослушайте запись. Николай Лосев говорит о своей семье. Он иногда ошибается в том, когда они родились. Какие ошибки он делает?

Например: Отец родился не в 1954-ом году а в 1944-ом году.

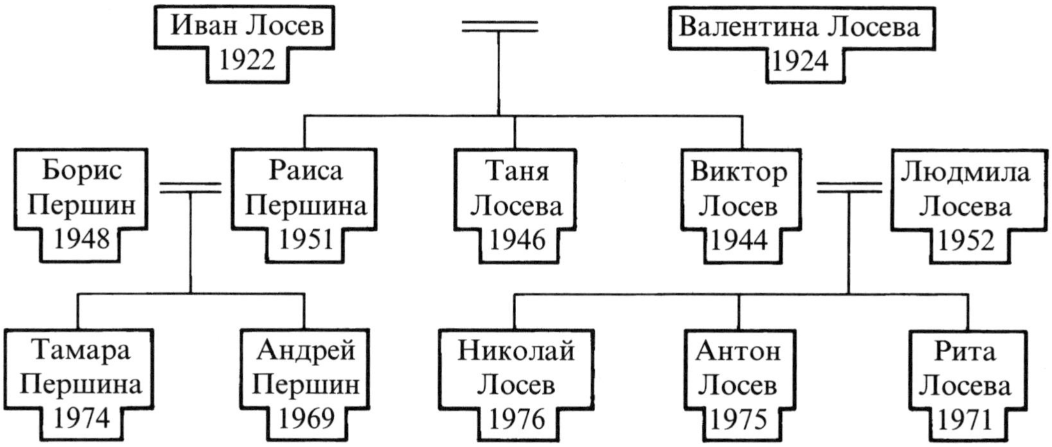

Проверка А

See Grammar Sheets 6, 7 and 8.

Напишите, где и когда родились эти люди.
Например: Ivan b. Moscow 1966

Иван родился в Москве в 1966-ом году.

1. Alan b. Berlin 1981
2. Irina b. St. Petersburg 1974
3. John and Clare b. England 1982
4. My brother b. Scotland 1979
5. My father and mother b. London 1955
6. Pierre b. Paris 1968
7. Helga b. Denmark 1985
8. Dmitriy b. Russia 1977
9. My grandmother b. France 1932
10. My friend b. New York 1953

Задание 17

Посмотрите ещё раз на родословное дерево (задание 16). Кто это?

1 Николай – мой сын. Я родилась в тысяча девятьсот пятьдесят втором году.
2 У меня есть брат. Он родился в тысяча девятьсот шестьдесят девятом году.
3 Мой муж родился в тысяча девятьсот сорок восьмом году.
4 Моя сестра родилась в тысяча девятьсот семьдесят четвёртом году.
5 Его жена родилась в тысяча девятьсот пятьдесят первом году.
6 Её муж родился в тысяча девятьсот двадцать втором году.
7 Его сестра родилась в тысяча девятьсот сорок шестом году.
8 Её дочь родилась в тысяча девятьсот семьдесят первом году.

Проверка Б

See Grammar Sheet 8.

Напишите полностью, в каком году родились эти люди.
Например: Natasha (1964)

Наташа родилась в тысяча девятьсот шестьдесят четвёртом году.

1 She (1972)
2 My brother (1965)
3 Natasha and Nikolai (1983)
4 Her elder sister (1974)
5 My mother (1959) and my father (1958)
6 His grandmother (1927)
7 Her aunt (1957)
8 Ivan, Anton and Victor (1982)

Где и когда родились эти люди?

Задание 18

Посмотрите на картинки. Напишите, как зовут этих людей, как их фамилии, откуда они и в каком году они родились.

Например: 1 Меня зовут Джиованни. Я из Пизы. Я родился в 1977-ом году.

1 ДЖИОВАННИ → 1977
2 НАТАША → 1988
3 ДЖОН → 1983
4 НЭНСИ → 1972
5 КУРТ → 1987
6 МОНИК → 1972

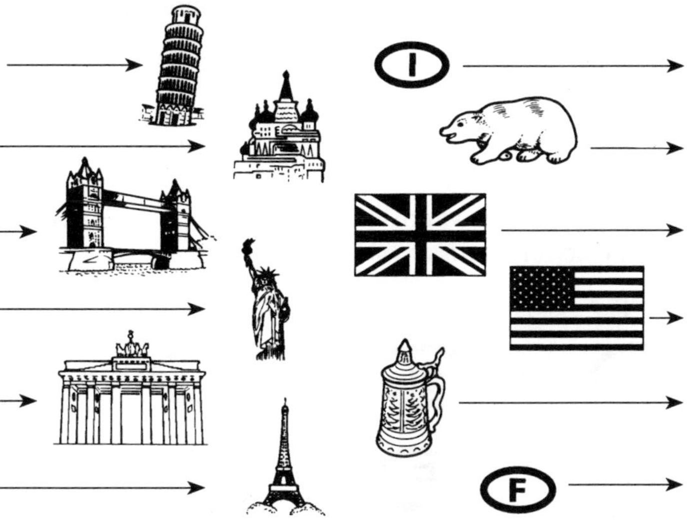

Ты говоришь по-русски?

Задание 19

Посмотрите на картинки, и вы узнаете, как спросить, говорит ли кто-то на каком-то языке. И как ответить!

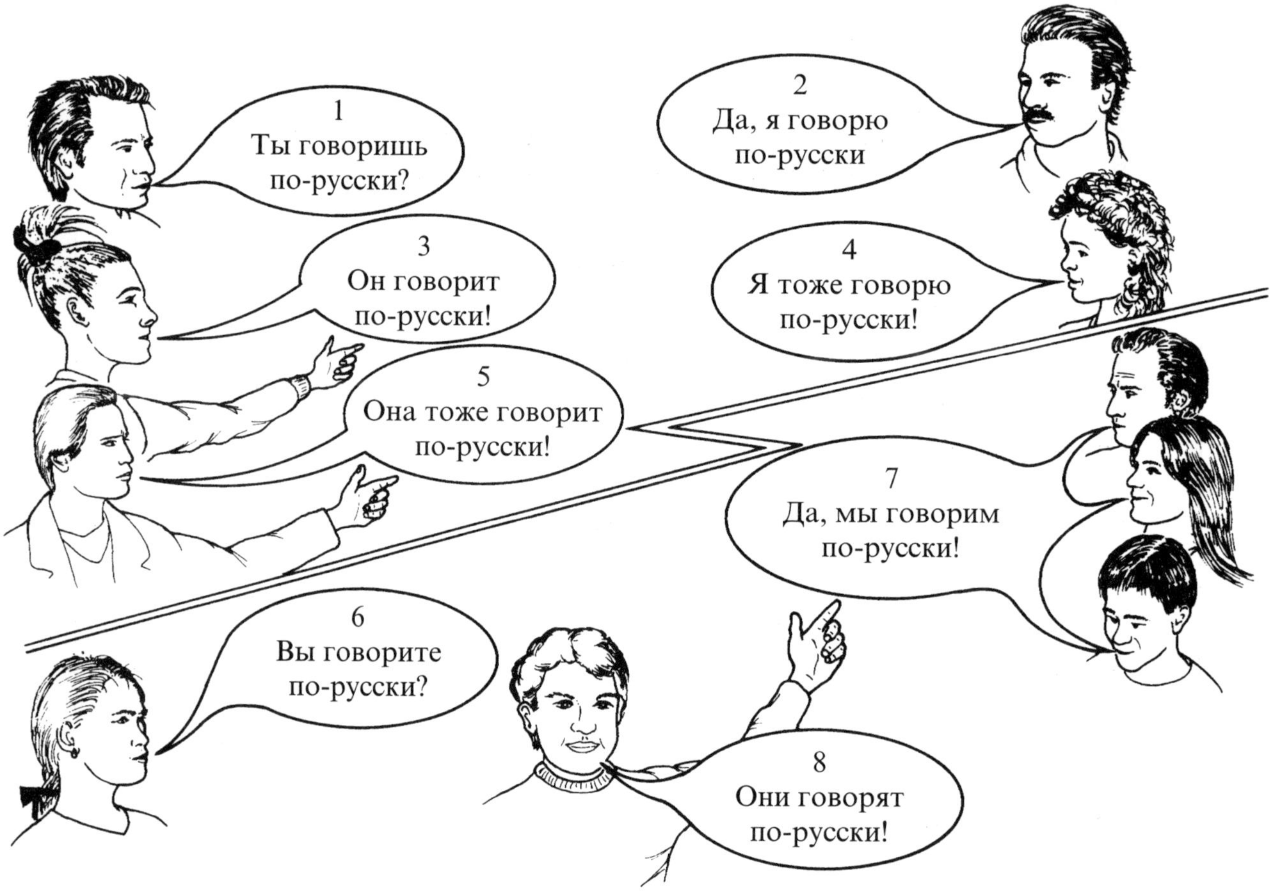

А вы? Вы говорите ________________ ?

1 ________ по-французски **4** ________ по-немецки **7** ________ по-голландски

2 ________ по-испански **5** ________ по-шведски **8** ________ по-китайски

3 ________ по-японски **6** ________ по-итальянски **9** ________ по-английски

Задание 20

Люди вам скажут, на каком языке они говорят. Укажите где, по-вашему, они родились, откуда они или где они живут.

Например: 1 = б

а **F** в **NL** д **S** ж **GB** и **B**

б **D** г **E** е **I** з **PL** к **RUS**

Проверка В

See Grammar Sheet 10.

Эти люди родились в одной стране, но сейчас они живут в другой. Значит, они говорят на двух языках. Напишите, на каких языках они говорят. Например: John (England) (France)

Джон говорит по-английски и по-французски.

1 My Russian friend (Russia) (America)

2 We (England) (Spain)

3 Your brother (Germany) (China)

4 Hans and Eva (Holland) (Sweden)

5 David Jones (England) (Japan)

6 Anne-Marie (France) (Italy)

7 You (China) (England)?

8 My grandfather (France) (Spain)

Кто ты по национальности?

Задание 21

Посмотрите на картинки и предложения внизу. Узнайте, как говорить о национальности.

Я / ТЫ / ОН / ВЫ	? ? ?	Я / ТЫ / ОНА / ВЫ
____ англичанин		____ англичанка
____ шотландец		____ шотландка
____ валлиец		____ валлийка
____ американец		____ американка
____ француз		____ француженка
____ немец		____ немка
____ испанец		____ испанка
____ китаец		____ китаянка
____ русский		____ русская

Задание 22

Прочитайте внизу список знаменитых людей. Кто они по национальности?

1 Владимир Путин
2 Мадонна
3 Майкл Джексон
4 Анна Курникова
5 Лучиано Паваротти
6 Дейвид Бэкхем
7 Абрахам Линкон
8 Генерал де Голь
9 Тайгер Вудз
10 Джанг Земин

Задание 23

Выберите трёх знаменитых людей. Напишите о них как можно подробнее. Укажите, как их зовут, их фамилии, сколько им лет, где и когда они родились, кто они по национальности и где они сейчас живут или работают.

Равные, но разные

Интернационализм – не только взаимоотношения республик и народов в целом. Это и убеждение в том, что мой народ не выше другого народа, что он, как и мой народ, способен к социальным и культурным достижениям. Это и представление о том, что разные народы не могут развиваться в изоляции.

Задание 24

Перепишите таблицу в тетрадь. Прослушайте запись и заполните таблицу. Напишите про этих людей как можно подробнее.

	Когда они родились?	Откуда они?	Где они живут сейчас?	Где этот город?	На каком языке говорят?	Как они выглядят?	Кто это?
1							
2							
3							
4							

Вы уже с ними познакомились!

Задание 25

Прочитайте предложения. Напишите их полностью.

1 Я из  , но я родился в  в **1972** .

2 Она родилась в **1975** в столице  . Она говорит по-  .

3 Он говорит по-  , потому что он родился в  в **1956** .

4 Она из  – значит, она  . Она хорошо говорит по-  .

5 Я из  , а мой друг из  . Он родился в  в **1968** .

6 Они родились в 

в **1971** . Значит, он  и она  .

Разговор в поезде

Задание 26

Разыграйте диалог в парах. Потом разыграйте его ещё несколько раз, но каждый раз придумайте другие фамилии, города, страны и т.д. вместо подчёркнутых слов.

А Здравствуйте. Давайте познакомимся. Меня зовут Питер, а фамилия Кук. А вас?

Б Меня зовут Иван Александрович, а фамилия Петров. Откуда вы?

А Я из Англии. Я живу в Лондоне – значит, я англичанин. Вы, наверно, русский?

Б Конечно, русский. Я родился в Петербурге – то есть в Ленинграде, так он тогда назывался. Но сейчас я живу в Москве. Вы родились в Лондоне?

А Нет. Хотя я англичанин, я родился в Берлине, в столице Германии. Мой отец в то время там работал, поэтому я родился в Германии в 1972-ом году – в день Нового Года!

Б Я тоже родился в январе – 25-ого, и моя сестра родилась 29-ого! Кажется, мы все родились в январе! У вас есть братья или сёстры?

А У меня нет братьев, но у меня две сестры. Старшей сестре 23 года а младшей сестре 18 лет. Она учится в Англии, а старшая сестра уже 6 месяцев учится в Москве. Поэтому, я сейчас туда еду.

Б Вы хорошо говорите по-русски. А я, к сожалению, не говорю по-английски. Ну, вагон-ресторан открывается минут через десять. Давайте пойдём туда и поговорим там.

А Конечно, пойдём.

Задание 27

Прослушайте запись и напишите нужные слова в тетради. Выберите слово из предложенных вариантов.

А: Алло!

Б: Здравствуй, говорит Хелен из Англии!

А: Хелен! Какой сюрприз! Как там дела?

А: У меня всё хорошо. Как твои дела в России?

Б: Всё нормально, спасибо. Ты хорошо (1)________ по-русски.

А: Спасибо. Я очень люблю иностранные языки. Я тоже говорю (2)________ и по-испански.

Б: Откуда ты знаешь испанский язык?

А: Моя мать родилась в (3)________. Мадрид – (4)________ Испании.

Б: А твой отец? Он откуда?

А: Он из (5)________. Он итальянец. Его зовут (6)________.

Б: Мои (7)________ – русские! Что нового у тебя?

А: Ничего особенного. Я учусь в девятом классе в школе. В свободное время я слушаю поп-музыку и играю в бадминтон. Я хочу стать (8)________.

Б: Я только что вернулась из (9)________. Мы с друзьями отдыхали в Торонто. Всё было отлично.

А: Хочу туда съездить когда-нибудь. Приезжай к нам в (10)________ в гости. Нам будет весело!

Б: Обязательно. Мне пора кушать! Я тебе перезвоню после ужина. Пока!

А: Пока!

Джиованни

Англию

Канады

родители

говоришь

по-немецки

спортсменкой

Мадриде

столица

Италии

Задание 28

Прочитайте объявления из газет и запишите правильные ответы в тетрадь.

a

Женщина, 30 лет, рост 176 см, с хорошей фигурой, спортивная, общительная, образование высшее, хотела бы познакомиться с интеллигентным мужчиной 35–40 лет, рост не меньше 176 см, самостоятельным, энергичным, с активной жизненной позицией.

b

Мужчина 33 лет, с твёрдым характером, с разнообразными интересами, рост 183 см, хотел бы познакомиться с приятной, стройной девушкой ростом около 172 см, эмоциональной, умной, интеллигентной, 22–26 лет.

c

Молодая женщина 28 лет, рост 166 см, красивая, со светлыми волосами, хочет познакомиться с мужчиной 33–38 лет, рост не меньше 176 см, с тёмными волосами, общительным, спортивным, с чувством юмора.

d

Мне 38 лет, рост 170 см, симпатичный, темноволосый. Живу с дочерью 11 лет. Хочу встретить женщину, которая будет хорошей женой и мамой, добрую, спокойную, честную.

e

Ищу спутника жизни. Мне 35 лет, рост 162 см, характер мягкий, добрый. Я не очень общительная, спокойная, терпеливая. Люблю детей и животных. Образование музыкальное.

f

Мужчина, по профессии врач, 29 лет, рост 172 см, занимаюсь спортом, люблю музыку. Хотел бы познакомиться с женщиной 25–30 лет, можно с ребёнком, интеллигентной, симпатичной, умной.

1 You're a fun-loving guy in your early thirties – with a sense of humour. Which female ad would you reply to?
a c e

2 You're a level-headed and kind-hearted woman with a child, looking to meet a man under 30. Which advertiser would attract your attention?
b d f

3 A slim woman in your twenties, you are interested in meeting an older man without children. Who would you go for?
b d f

4 Which female advertiser would a guy keen on animals and interested in music be keen to contact?
a c e

5 Of the following advertisers, who claims to have reached a good standard of education?
a b d

6 Which dark-haired person is looking for a good family life?
a d e

Задание 29

Imagine you have been asked to enter a competition in which you have to do a short presentation about your family.

In addition to using some of the structures from Book 2, aim to include the following from this Unit in your presentation:

– introduce yourself
– say where you are from and what the capital city is called
– say where and when you were born
– say what languages you can speak and what your nationality is.

Also try to give some of the above information about your family.

Задание 30

Вы получаете это письмо от русского мальчика из Санкт-Петербурга. Он ищет друга/подругу по переписке.

Write a suitable reply in Russian, ensuring that you answer all his questions.

Здравствуйте!

Меня зовут Сергей Борисович, моя фамилия Иванов. Мне 16 лет (я родился в 1986-ом году). У меня есть брат и сестра. Их зовут Алексей и Тамара. Мой брат старше меня на пять лет (ему 21 год), и моя сестра младше меня на два года (ей 14 лет). Я из Санкт-Петербурга, но я родился в Москве. Где вы родились?

Мы живём в квартире в Санкт-Петербурге. Мой отец работает в лаборатории. Он – учёный. Моя мать француженка. Она – учительница. Она работает в школе. Тамара хорошая спортсменка и любит играть в теннис.

Я высокий, у меня светлые волосы и карие глаза. Хотите ли вы фотографию? Я люблю читать и играть на пианино, но я больше всего люблю путешествовать. Я говорю по-французки и в прошлом году мы с семьей ездили во Францию. Вы любите путешествовать? Вы тоже говорите по-французки? Мне также нравится заниматься спортом. Завтра я буду кататься на лыжах в лесу.

Пожалуйста, напишите мне письмо. Где вы живёте? Что вы любите делать в свободное время? У вас есть брат и сестра? Вы живёте в квартире или в доме?

Жду ответа,

Сергей

What have you learned?/Чему вы научились?

In this unit you have learned to ask and say the following:

To introduce yourself…

Давайте познакомимся. Меня зовут ________ а фамилия ________ А вас?

and to reply to an introduction

Меня зовут ________ а фамилия ________

To find out where someone is from…

Откуда вы?/он?/она? Вы/он/она из какой страны?

and to say where they are from

Я/он/она из	Лондона/Москвы	
Я/он/она из	Франции	Уэльса
	России Италии	Америки Канады

To find out the name of a capital city…

Как называется столица	Шотландии? Испании? Уэльса? Польши?

and say what the capital city is called

Столица ________	называется	Эдинбург Мадрид Кардифф Варшава

To find out where someone was born…

Где вы родились? В каком городе он родился? В какой стране он родился? В какой стране она родилась?

and say where they were born

Я родился/ась в Петербурге Он родился в Риме/Берлине		
Он родился Она родилась	в	Англии России Ирландии
	во	Франции
	в	Америке Уэльсе Канаде

To find out when someone was born…

В каком году	Вы родились Он родился Она родилась Они родились

and say when they were born

Я родился/лась Он родился Она родилась Они родились	в	тысяча девятьсот ________________ ________ ом году.

To ask if someone speaks a certain language…

Вы говорите	по-английски?
Он/она говорит	по-русски?

and say which

Да, я говорю по-английски Да, он говорит по-русски Нет, она не говорит по-русски

To ask about someone's nationality…

Вы американец/русская? Он шотландец/испанец? Она шотландка/испанка?

and to state a nationality

Да, я американец/русская Нет, он не шотландец/испанец Да, она шотландка/испанка

Remember the words!/Запомните слова!

Nouns

А́встрия	Austria
Аме́рика	America
А́нглия	England
Бе́льгия	Belgium
Болга́рия	Bulgaria
Великобрита́ния	Gt. Britain
Ве́нгрия	Hungary
Герма́ния	Germany
Голла́ндия	Holland
Гре́ция	Greece
Да́ния	Denmark
Ирла́ндия	Ireland
Испа́ния	Spain
Ита́лия	Italy
Кана́да	Canada
Норве́гия	Norway
По́льша	Poland
Португа́лия	Portugal
Росси́я	Russia
Румы́ния	Romania
Ту́рция	Turkey
Уэ́льс	Wales
Финля́ндия	Finland
Фра́нция	France
Швейца́рия	Switzerland
Шве́ция	Sweden
Шотла́ндия	Scotland
Япо́ния	Japan
америка́н(ец/ка)	American
англича́н(ин/ка)	Englishman/woman
валли́(ец/йка)	Welshman/woman
испа́н(ец/ка)	Spaniard
кита́(ец/янка)	Chinese
не́м(ец/ка)	German
ру́сск(ий/ая)	Russian
францу́(з/женка)	Frenchman/woman
шотла́нд(ец/ка)	Scot
девятьсо́т	nine hundred
день рожде́ния	birthday
мехова́я ша́пка	fur hat
накле́йка	sticker
национа́льность	nationality
Но́вый Год	New Year
оши́бка	mistake
плато́к	headscarf
рост	height
столи́ца	capital
ты́сяча	thousand
у́сы	moustache, whiskers
фами́лия	surname

Verbs

говори́ть	to speak
роди́ться	to be born

Adjectives

до́брый	kind
мла́дший	younger
споко́йный	calm
ста́рший	elder
тёмноволосый	dark-haired
у́мный	sensible, clever
че́стный	honest

Adverbs

когда́-нибудь	sometime, at some point
к сожале́нию	unfortunately

Expressions

В како́м году́	In which year
В како́м го́роде	In which town
В како́й стране́	In which country
Дава́йте познако́мимся	Let's introduce ourselves
Как называ́ется …	What is … called
Отку́да вы?	Where are you from?
то́ есть	that is
че́рез	in … time
Я/он/она́ из …	I/he/she is from …
по-англи́йски	English
по-испа́нски	Spanish
по-италья́нски	Italian
по-кита́йски	Chinese
по-неме́цки	German
по-ру́сски	Russian
по-францу́зски	French
по-япо́нски	Japanese

УРОК 2

Что вы делаете дома?

Что у тебя в спальне?

Задание 1

Прослушайте запись и узнайте, чьи это спальни.

Например: 1 = а

Задание 2

Работа в парах.

Один из вас опишет одну картинку, а ваш партнёр должен указать, какую.

Задание 3

Прочитайте письмо и узнайте, что у Виктора в спальне.

Киев
20ое января

Здравствуй, Никола!

Меня зовут Виктор. Я живу в квартире недалеко от центра Киева. Она состоит из шести комнат: столовой, гостиной, спальни родителей и моей спальни. Двери этих комнат ведут в прихожую; небольшой коридор ведёт из прихожей в кухню, ванную и туалет. В моей спальне стоят комод, постель, шкаф, телевизор и письменный стол. На столе стоит лампа. На полке стоят книги, цветок и кассетный магнитофон.

Пока

Виктор.

Правда или неправда? Вставьте **п** (правда) или **н** (неправда) или **т** (трудно сказать).

1 Квартира Виктора состоит из четырёх комнат.

2 Он живёт в двухэтажном доме.

3 В его спальне стоят шкаф и постель (= кровать).

4 Он там живёт пять лет.

5 На столе лежат книги.

6 На столе стоит лампа.

Задание 4

Напишите письмо вашему другу по переписке.

Где телевизор…?

Задание 5

Правда или неправда или трудно сказать? Напишите **п**, **н** или **т**.

1 Телевизор у окна.

2 Дверь слева от шкафа.

3 Кровать у двери.

4 Стол справа от стула.

5 Компьютер слева от кровати.

6 Плакаты напротив стола.

7 Лампа справа от плейера.

8 Цветок напротив комода.

Задание 6

Посмотрите ещё раз на картинку. Прослушайте запись и исправьте ошибки.

Например: Слева от окна телевизор.

Задание 7

Посмотрите на эту таблицу и опишите эти спальни как можно подробнее.

	M	F	N
слева от справа от у напротив	стола книжного шкафа телевизора плаката	лампы кровати	окна кресла
за перед между под над	столом книжным шкафом плакатом телевизором	лампой полкой кроватью	окном креслом

Проверка A

See Grammar Sheets 3, 5 and 9.

Напишите, где эти вещи.

1 The table is to the left of the window.
2 The television is between the bed and the lamp.
3 The radio is to the right of the television.
4 The door is opposite the bookcase.
5 The chair is behind the table.
6 The poster is between the window and the bed.
7 The guitar is under the table.
8 The chest of drawers is next to the armchair.
9 The poster is above the desk.
10 The plant is to the left of the cupboard.

В кухне

Задание 8

Передай пожалуйста ...

Прослушайте запись и укажите, кто что передаёт. Заполните таблицу.

имя	что?
Нина	вилка

Задание 9

Работа в парах.

Попросите вашего партнёра передать вам что-нибудь.

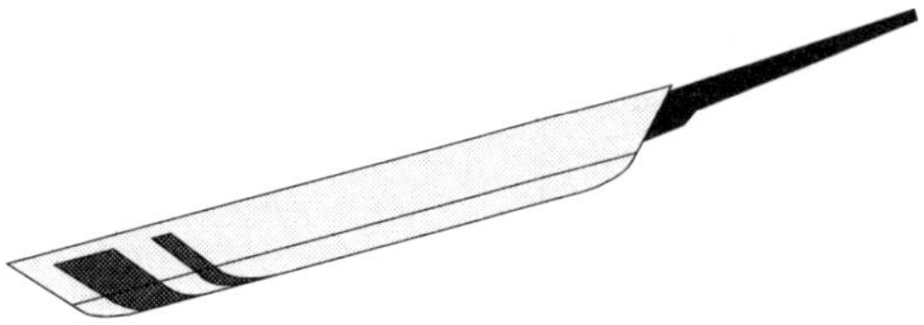

Задание 10

Какое слово здесь неуместно?

1	сковорода	комод	вилка	нож
2	кровать	лампа	стакан	книжный шкаф
3	кастрюля	кровать	чашка	тарелка
4	ложка	комод	кровать	книжный шкаф
5	стакан	сковородка	вилка	кровать

Какой беспорядок!

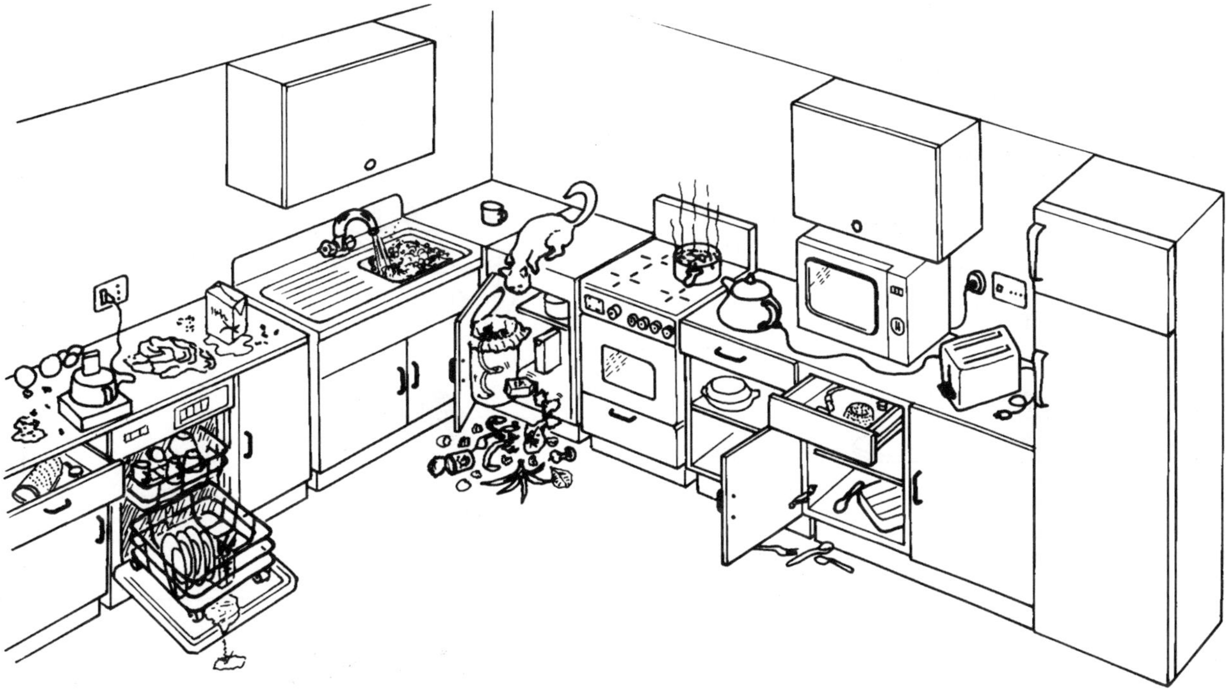

Задание 11

Закончите эти предложения.
Выберите слово из списка справа.

1 Тарелки в ________ .

2 Кошка ________ шкафу.

3 Тостер справа от ________ .

4 ________ слева от холодильника.

5 Кастрюля на ________ .

6 ________ между холодильником и микроволновкой.

шкаф
плите
на
посудомоечной машине
микроволновки
тостер

Что ты делаешь дома?

1  я хожу в магазины	2  я работаю в саду
3  я готовлю	4  я накрываю на стол
5  я убираю со стола	6  я мою посуду
7  я глажу бельё	8  я мою окна
9  я пылесосю	10  я вытираю пыль

Задание 12

Прослушайте запись и укажите, что они делают дома.

Задание 13

You are about to swap bedrooms with your little brother. Make a list in Russian of five things that can be left behind in the room.

Задание 14

Your Russian penfriend has just arrived to stay with you and you have agreed to give her a guided tour of the house. Look at the plan below and describe each room in as much detail as possible. In addition to the vocabulary given, use any of the furniture vocabulary you have learnt so far in this Unit.

E.g. В кухне у нас холодильник, духовка, плита и стиральная машина. Слева от плиты стиральная машина …

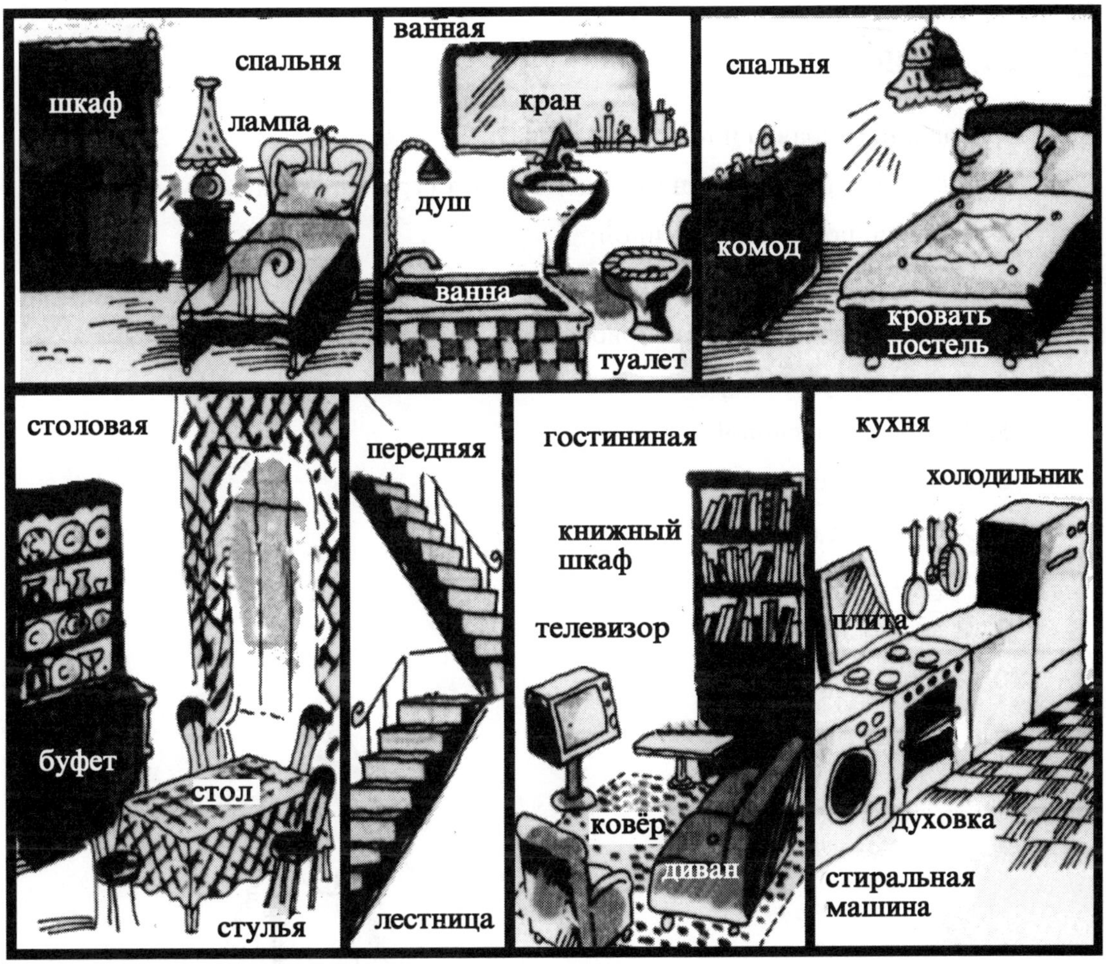

N.B. Remember that 'in' a certain room works like this in Russian:

в спальне	in the bedroom
в ванной	in the bathroom
в кухне	in the kitchen
в столовой	in the dining room
в гостиной	in the lounge
в передней	in the hall

Задание 15

Составьте с партнёром диалог.

Например:

А Что ты делаешь дома?

Б Я хожу в магазины и убираю со стола. А ты?

А Я мою посуду и работаю в саду.

Задание 16

Правда или неправда или трудно сказать?

Напишите **п** (правда) или **н** (неправда) или **т** (трудно сказать).

1 Я делаю покупки в гостиной.
2 Я готовлю завтрак в ванной.
3 Я убираю со стола в столовой.
4 Я мою посуду на кухне.
5 Я работаю в ванной.
6 Я накрываю на стол в спальне.
7 Я глажу в саду.
8 Я чищу зубы в ванной.
9 Я делаю домашнее задание в спальне.
10 Я сплю на кухне.

Кто моет посуду?

Задание 17

Кто что делает? Напишите предложения.

1 Ольга
2 Виктор
3 Нина
4 Борис
5 Света
6 Иван
7 Анна
8 Миша

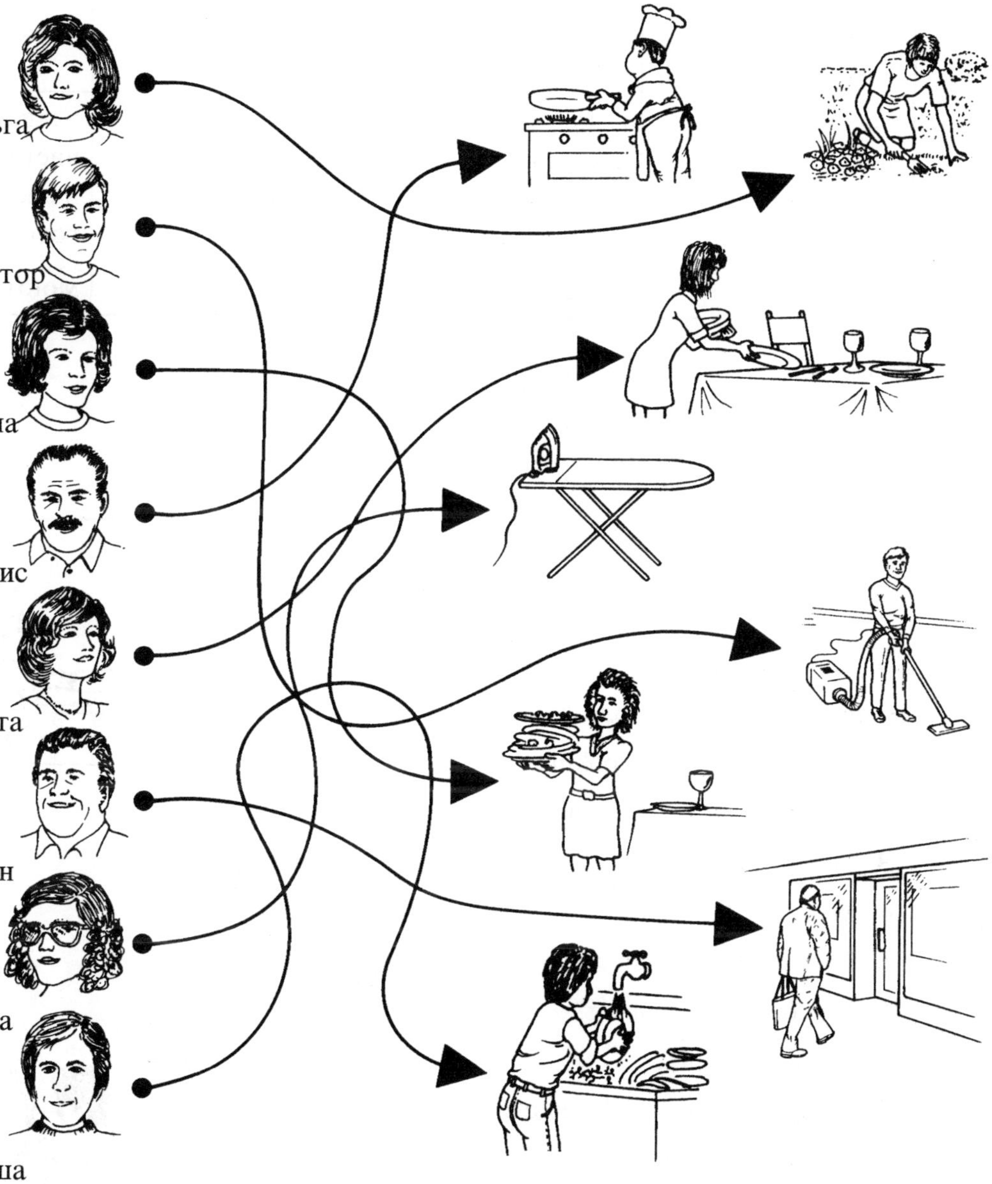

Задание 18

Посмотрите на 17-ое задание. Кто что делает?

1 Кто накрывает на стол?
2 Кто моет посуду?
3 Кто готовит еду?
4 Кто гладит бельё?
5 Кто работает в саду?
6 Кто пылесосит?
7 Кто убирает со стола?
8 Кто ходит в магазины?

Задание 19

я	ты	он/она	они
работаю	работаешь	работает	
накрываю	накрываешь	накрывает	
убираю	убираешь	убирает	
делаю	делаешь	делает	
стираю	стираешь	стирает	
глажу	гладишь	гладит	гладят
чищу	чистишь	чистит	чистят
пылесосю	пылесосишь	пылесосит	пылесосят
готовлю	готовишь	готовит	готовят
мою	моешь	моет	моют мыть

Напишите, кто занимается хозяйством у вас дома.

Например: Отец накрывает на стол.
Сестра моет посуду…и т.д.

Проверка Б

See Grammar Sheet 10.

Напишите, что эти люди делают дома.

1 My father does the cooking.
2 My brother does the ironing.
3 I do the dusting.
4 We clean the windows.
5 They do the vacuum cleaning.
6 Do you do the cooking?
7 I do the shopping.
8 My parents work in the garden.
9 My sister sets the table.
10 Do you clear the table?
11 Nina does the washing up.
12 Boris does the cooking.

Задание 20

Работа в парах. Спросите вашего партнёра, что он/она делает дома.

Задание 21

Наташа и Игорь очень любят помогать по дому. Прослушайте внимательно запись на кассете. Как они помогают и когда? Какой у них свободный день? Вставьте правильные буквы.

A 	B 
C 	D 
E 	F 
G 	H 
I 	J 

Например: понедельник – A + B

Copy the days of the week into your exercise book before writing the answers next to them.

понедельник	вторник	среда
четверг	пятница	суббота
воскресенье		

Как часто вы помогаете по дому?

Задание 22

Прослушайте этих молодых людей. Они вам скажут, как часто они работают в саду.

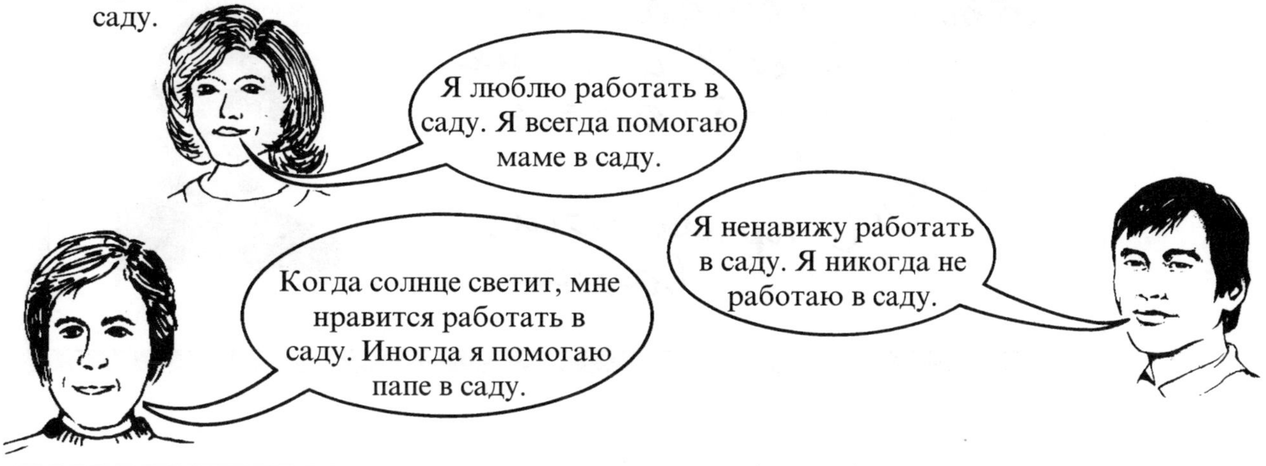

Задание 23

Эти люди вам скажут, как они помогают по дому и как часто.
Прослушайте запись и заполните таблицу.

Что он/она делает?	Как часто?
1 гладит	никогда

Задание 24

Прочитайте этот отрывок из письма и перескажите его.

(пишу с вокзала) У меня есть брат. Его зовут Иван. Ему 20 лет и он работает на заводе.

В твоём письме ты спросил, как я помогаю по дому. После уроков я часто хожу в магазины. Я всегда накрываю на стол, а Иван всегда убирает со стола. После обеда иногда я мою посуду. Я почти никогда не глажу бельё, и я не люблю работать в саду.

С приветом,
Саша

Задание 25

Как часто ты помогаешь дома? Всегда? Никогда? Иногда?
Напишите 10 предложений.

Например:

Я всегда хожу в магазины. Я никогда не мою посуду. Иногда я глажу бельё.

Ужасная жизнь Ричарда Работовича

Каждое утро я встаю очень рано. Я готовлю завтрак, накрываю на стол, и после завтрака я мою посуду.

Каждый день я готовлю обед, и накрываю на стол. В час я обедаю, а после обеда я убираю со стола и мою посуду.

Каждый вечер я готовлю ужин. Я накрываю на стол, и после ужина я убираю со стола. Потом я мою посуду. Я очень устаю. В 11 часов вечера я ложусь спать.

Каждую неделю по субботам я хожу в магазины.
Раз в неделю я убираю и пылесосю квартиру.
Два раза в неделю я глажу бельё.

Задание 26

Прослушайте запись. Правда или неправда или трудно сказать?

Напишите **п** (правда) или **н** (неправда) или **т** (трудно сказать).

1 Ричард всегда встаёт очень рано.
2 Сестра Ричарда любит готовить завтрак.
3 Каждое утро Ричард готовит обед.
4 Каждое утро он накрывает на стол.
5 После обеда Ричард моет посуду.
6 Ричард никогда не готовит ужин.
7 Каждую неделю по средам Ричард ходит в магазины.
8 Он не любит гладить бельё.

Задание 27

Прочитайте ещё раз рассказ о Ричарде.
Перескажите этот рассказ.

Задание 28

Прочитайте это письмо от Дженни.

Здравствуй, Борис!
Спасибо большое за твоё письмо. Вот фотография моего дома. Это небольшой двухэтажный дом недалеко от центра города. Внизу – передняя, гостиная и кухня. В кухне у нас есть микроволновка, стиральная машина, газовая плита и холодильник. Моя мать готовит в кухне и я иногда помогаго ей готовить. Я глажу бельё и пылесосю. Я часто мою посуду.

Наверху у нас две спальни – спальня моих родителей и моя спальня. Это большая комната. У меня есть лампа, кровать, плейер, стул, стол, телевизор и плакаты.

Каждый день я смотрю мультфильмы по телевизору. К сожалению, у меня нет компьютера. Телевизор у окна, стол справа от стула, и лампа напротив плейера. У нас есть большой сад за домом, и по воскресеньям я работаю в саду.

Спасибо за информацию о твоей квартире в Москве. Жалко, что у тебя нет сада, но хорошо, что есть балкон!

До свидания.
Дженни

Какие предложения правильные? Выберите четыре предложения.

1 Дженни живёт в доме.
2 Она живёт далеко от центра города.
3 Она работает в саду.
4 В кухне у них есть миксер.
5 Она часто моет посуду.
6 У неё своя спальня.
7 Она очень любит убирать со стола.
8 В спальне у неё нет лампы.
9 У Бориса есть сад.

Задание 29

Спросите вашего партнёра, как часто он/она помогает по дому.

Например: – Ты часто работаешь в саду?

– Нет, я никогда не работаю в саду.

или – Да, по субботам я работаю в саду.

Задание 30

Напишите письмо вашему другу по переписке.

Русские дома

Большинство русских людей живёт в больших городах. Но каждый четвёртый (русский) человек живёт в сельской местности, где есть много маленьких домов.

В городах почти все люди живут в квартирах в больших многоэтажных домах. В типичной квартире есть маленькая кухня, ванная и две или три комнаты. Обычно есть тоже балкон где можно сушить бельё.

У некоторых городских жителей есть дача тоже – загородный дом обычно для летнего отдыха.

What have you learned?/Чему вы научились?

In this unit you have learned to ask and say the following:

To describe your bedroom:

У меня в спальне…

To say where things are in your bedroom:

слева от справа от у напротив	стола книжного шкафа телевизора плаката	лампы полки кровати	окна кресла
за перед между под над	столом книжным шкафом телевизором плакатом	лампой полкой кроватью	окном креслом

To describe the things in the kitchen and ask someone to pass you them:

Передай(те), пожалуйста, …

To say how you help around the house and explain who does the chores in your house and how often:

я	ты	он/она
мою пылесосю глажу готовлю чищу работаю накрываю убираю делаю стираю	моешь пылесосишь гладишь готовишь чистишь работаешь накрываешь убираешь делаешь стираешь	моет пылесосит гладит готовит чистит работает накрывает убирает делает стирает

всегда иногда никогда не	по понедельникам по вторникам по средам по четвергам по пятницам по субботам по воскресеньям
раз в неделю два раза в месяц три раза в день четыре раза	
каждый день, каждое утро каждый месяц, каждый вечер	

Remember the words!/Запомните слова!

Nouns

ва́нна	bath
ви́лка	fork
га́зовая пли́та	gas stove
дива́н	sofa
духо́вка	oven
душ	shower
занаве́ски	curtains
кассе́тный магнитофо́н	cassette player
кастрю́ля	saucepan
кни́жный шкаф	bookcase
ковёр	carpet
комо́д	chest of drawers
кран	tap
кре́сло	armchair
крова́ть/посте́ль	bed
ле́стница	staircase
ло́жка	spoon
микрово́лновая печь/микрово́лновка	microwave
ми́ксер	mixer
нож	knife
пе́рец	pepper
пи́сьменный стол	desk
плака́т	poster
пле́йер	personal stereo
по́лка	shelf
посудомо́ечная маши́на	dish washer
сковоро́дка	frying pan
соль	salt
стака́н	glass
стира́льная маши́на	washing machine
таре́лка	plate
то́стер	toaster
ту́мбочка	bedside table
холоди́льник	refrigerator
ча́шка	cup

Verbs/expressions

Я вытира́ю пыль	I do the dusting
Я гла́жу бельё	I do the ironing
Я гото́влю	I do the cooking
Я мо́ю посу́ду	I do the washing up
Я пылесо́сю	I do the vacuum cleaning
Я рабо́таю в саду́	I work in the garden
Я убира́ю со стола́	I clear the table
Я хожу́ в магази́ны	I go shopping
Я чи́щу…	I clean

Adverbs

всегда́	always
иногда́	sometimes
ка́ждый день	every day
никогда́ не	never
по суббо́там и т.д. (box)	on Saturdays, etc.
раз в неде́лю	once a week

УРОК 3

Мой город

Задание 1

Ответьте на вопросы:

1 В каком городе живёт девять миллионов жителей?

2 В каком городе живёт шестьсот тысяч жителей?

3 Правда, что в Санкт-Петербурге живёт двести тысяч жителей?

4 Правда, что в Хабаровске живёт два миллиона жителей?
А сколько там живёт?

5 Правда, что в Екатеринбурге живёт два миллиона три тысячи четыреста жителей? А сколько?

сто	тысяча 1,000		миллион 1,000,000	
двести	две	тысячи	два	миллиона
триста	три		три	
четыреста	четыре		четыре	
пятьсот	пять тысяч		пять миллионов	
шестьсот	шесть тысяч		шесть миллионов	
семьсот	семь тысяч		семь миллионов	
восемьсот	восемь тысяч		восемь миллионов	
девятьсот	девять тысяч		девять миллионов	

Задание 2

Прослушайте запись и напишите:

1 Сколько кинотеатров в Москве?
2 Сколько церквей в Ярославле?
3 Сколько жителей в Томске?
4 Сколько жителей в Сочи?

Проверка А

See Grammar Sheet 11.

Напишите по-русски, сколько жителей в этих городах.

Например: Минск – 1,500,000
– В Минске живёт миллион пятьсот тысяч жителей.

1 Odessa – 1,150,000 **2** Vladivostok – 600,000 **3** Murmansk – 500,000
4 Sochi – 450,000 **5** Kiev – 2,500,000

Прочитайте:

Лидс
675,000 жит.
Лидс большой город

Бирмингем
миллион жит.
Бирмингем больше, чем Лидс

Лондон
7 миллион жит.
Лондон самый большой

Кембридж
100,000 жит.
Кембридж маленький город

Челтнем
88,000 жит.
Челтнем меньше, чем Кембридж

Хейстингс
77,000 жит.
Хейстингс самый маленький

Задание 3

Работа в парах.

а Москва, Санкт-Петербург, Ярославль, Хабаровск, Екатеринбург, Сочи – какой из этих шести городов самый большой?
б Какой из этих шести городов самый маленький?
в Ярославль больше, чем Сочи?
г Владивосток меньше, чем Санкт-Петербург?

Вместе с партнёром назовите все города, начиная с самого маленького и кончая самым большим.

Задание 4

Прочитайте текст и заполните таблицу:

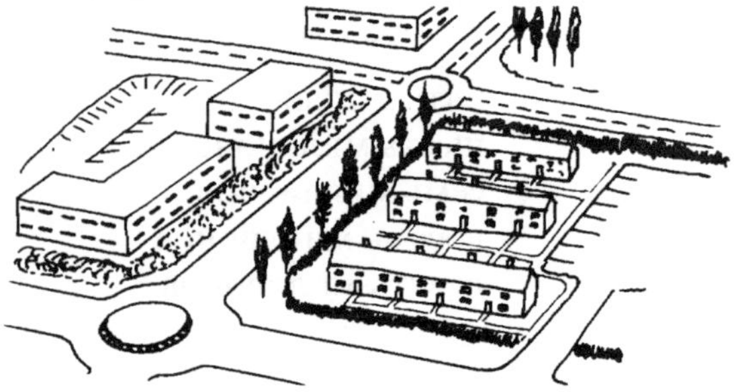

Это современный город, недавно построенный – такой, как Милтон Кинс или Академгородок. Здесь нет старых зданий.

Это сельскохозяйственный район, такой, как Девон или Ярославский район. Здесь много ферм. Коровы стоят на лугах. Города в Девоне обычно маленькие, такие, как Тивертон. Каждую неделю бывает рынок.

Это древний, исторический город, построенный много веков назад, такой как Суздаль или Стратфорд. Сюда приезжают туристы, чтобы посмотреть на памятники истории.

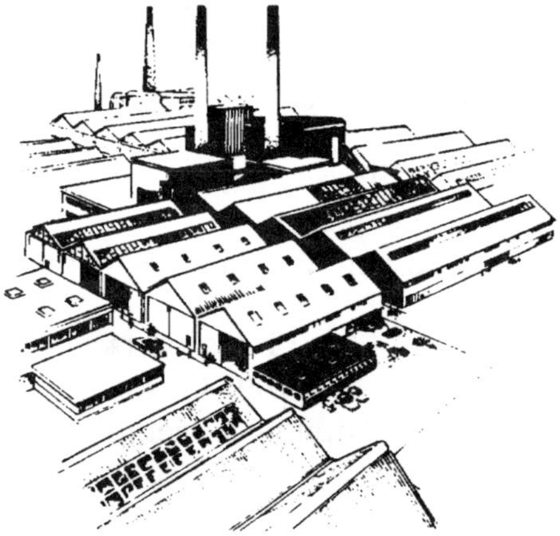

Это промышленный город, такой как Манчестер или Екатеринбург. Здесь много фабрик и заводов.

Это курорт, такой как Ялта или Блэкпул. Здесь красивый пляж и высокие скалы.

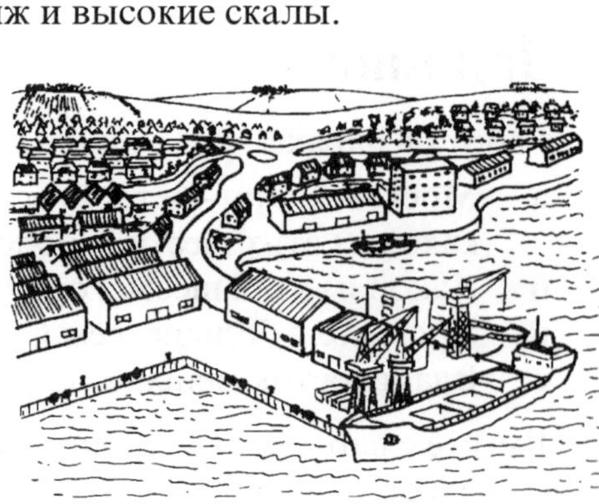

Это важный порт, такой как Мурманск или Саутхэмптон. Корабли из многих стран прибывают сюда.

modern industrial port agricultural

	современный	промышленный	порт	древний	курорт	сельскохозяйственный
Ялта						
Тивертон						
Мурманск						
Стратфорд						
Екатеринбург						
Милтон Кинс						

Задание 5

Прослушайте запись. Где живут эти люди? Как вы думаете?

Например: в современном городе

1 Иван Владимирович

2 Мария Александровна

3 Наташа

4 Анна Евгеньевна

5 Борис Николаевич

6 Виктор Гришин

Проверка Б

See Grammar Sheet 6.

Напишите, в каком городе живут эти люди.

Например: I live in a modern town.

Я живу в современном городе.

1 My brother lives in an agricultural town.

2 Tanya and Nina live in a large resort.

3 My grandfather lives in an ancient town.

4 We live in a modern town.

5 My parents live in an industrial town.

6 Boris lives in a small, tourist town.

Задание 6

Вставьте нужные слова.

Например: Как можно описать город, который построили недавно?
Ответ: Новый или современный.

1 И город, который построили давно? Д ________

2 И город, в котором много заводов и фабрик? П ________

3 И город, где можно купаться в море? Это к ________

4 И район, где много коров? С ________

Задание 7

Прочитайте тексты, потом ответьте на вопросы:

Киев

Киев, столица Украины, древний город.
Он был основан в девятом веке.
В городе старинная интересная архитектура, в том числе монастырь.
Киев был построен на берегу реки Днепр.

Братск, современный город в Сибири.
Построили его в 1950-ом году. Самое важное сооружение в Братске – это гидроэлектростанция (Братская ГЭС).

Напишите п (правда) или н (неправда) или т (трудно сказать).

1 В Братске много исторических памятников.

2 Киев построили недавно.

3 В Братске мягкий климат: особенно тепло зимой.

4 В Киев приезжает много туристов, которые хотят посмотреть на церкви и на монастырь.

5 Братск – очень большой город.

Задание 8

Спросите партнёра, что есть в городе.

Например: Есть ли памятник в городе А? Ответ: Есть памятник.
Там нет памятника.

музей	бассейн
дворец	школа
театр	библиотека
кинотеатр	завод
парк	больница
памятник	вокзал
зоопарк	церковь
собор	кафе

Проверка В

See Grammar Sheets 1 and 3.

Посмотрите на таблицу и замените рисунки словами.

Например: В городе А есть кафе, кинотеатр, бассейн, церковь.
Там нет библиотеки и парка.

	1 	2 	3 	4 	5 	6 	7 	8 	9 	10 
Город А	✔		✔	✗		✗	✔	✔		
Город Б		✔	✗		✔	✔		✗		✗
Город В	✗	✔		✔	✗		✗		✔	
Город Г	✔	✗	✔			✗			✗	✔
Город Д				✔	✗		✔	✗	✔	✗

Задание 9

Выберите правильный ответ.

Где можно –

1 сесть на поезд?
2 посмотреть фильм?
3 перейти реку?
4 посмотреть пьесу?
5 поплавать?
6 увидеть зверей?
7 посмотреть футбольный матч?
8 купить марки?
9 поужинать?
10 сделать новую причёску?

а на почте
б через мост
в в зоопарке
г на вокзале
д в кинотеатре
е в бассейне
ж в театре
з на стадионе
и в парикмахерской
к в ресторане

Задание 10

Напишите письмо подруге/другу по переписке и ответьте на её/его вопросы:

Москва, 5ое сентября

Привет!

Большое спасибо за твоё письмо. Я уже хорошо знаю твою семью и твою школу, но, напиши, пожалуйста, о твоём городе. Точнее, где он находится? Он далеко от Лондона? Когда он был основан? Сколько в нём жителей? Какие в нём достопримечательности? Тебе нравится жить там? Почему? Сколько лет ты там живёшь?

С нетерпением жду ответа.

Невский Проспект

Задание 11

Your Russian penfriend has asked you to write an article of about 140–150 words about the place where you live which will go into his school newspaper.

You may find it useful to answer some of these questions in your article.

Как называется и где находится ваш город?
Какой это город?
Какие здания есть в городе?
Что продаётся в магазинах?
В котором часу они открываются и закрываются?
Что можно увидеть в городе?
В городе есть река? Можно в ней плавать?
Где находятся фабрики и что они производят?
Летом в город приезжают туристы? Что они могут делать?
Что вы любите делать в городе?
Чем можно заниматься там по вечерам?
Где находится ваш дом?
Сколько времени вы там живёте?
Вам нравится город? Почему/почему нет?

Задание 12

Соедините русские слова с английскими вариантами.

1	современный	**a**	historical
2	промышленный	**b**	dirty
3	живописный	**c**	agricultural
4	исторический	**d**	polluted
5	грязный	**e**	ancient
6	огромный	**f**	modern
7	загрязнённый	**g**	industrial
8	сельскохозяйственный	**h**	clean
9	чистый	**i**	picturesque
10	древный	**j**	huge

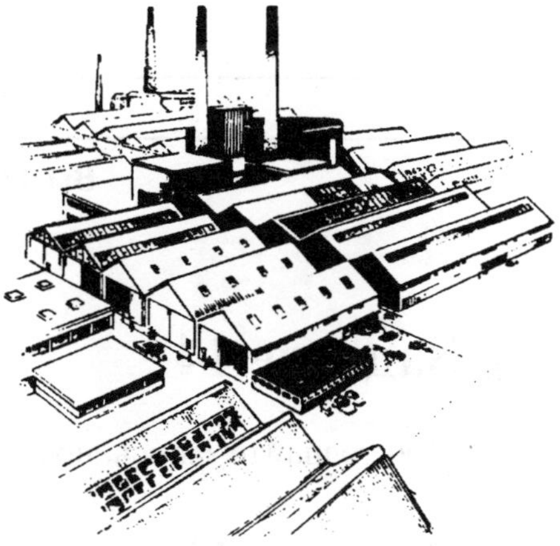

Задание 13

Прочитайте:

Идите прямо

Идите налево ← ↑ → Идите направо

Поверните направо ↱

Поверните налево ↰

Армянский переулок	идите по Армянскому переулку
Украинский бульвар	идите по Украинскому бульвару
Хорошевское шоссе	идите по Хорошевскому шоссе
Садовая улица	идите по Садовой улице
Проспект Мира	идите по проспекту Мира
Улица Чайковского	идите по улице Чайковского

Задание 14

Прослушайте запись, посмотрите на план, и ответьте на вопросы.

Задание 15

Работа в парах:

Как пройти на вокзал
Как пройти в кинотеатр
Как пройти в парикмахерскую

Как пройти в бассейн
Как пройти в метро
Как пройти в ресторан

Магазин открыт с…до…

1 2 3 4	5 6 7 8 9 10 11 12 13 14 15…
с часа с двух с трёх с четырёх	с пяти с шести с семи с восьми, девяти и т.д.
до часа до двух до трёх до четырёх	до пяти до шести до семи до восьми, до девяти и т.д.

Задание 16

В этом маленьком городе три магазина, а также ресторан, парикмахерская, почта и аптека. Прослушайте запись и запишите правильные ответы.

Например: В котором часу будет закрыт ресторан?
Ответ: в 14.00

Например: В котором часу будет закрыт ресторан?	в 13.00	в 14.00	в 23.00
1 Ресторан будет открыт	в 17.00	в 23.00	в 02.00
2 В котором часу будет закрыта почта?	в 08.55	в 14.00	в 19.00
3 Когда выходной день в парикмахерской?	во вторник	в среду	в четверг
4 Какой магазин закрыт на ремонт?	спортивный	промтоварный	книжный
5 Аптека будет открыта в 18.00 ч.?	да	нет	не знаю

Задание 17

Посмотрите на снимок и ответьте на вопросы:

1 Когда построили эту церковь?

2 Можно посещать церковь в два часа дня? Почему?

3 Церковь будет открыта в среду? Почему?

Задание 18

Посмотрите на снимки, потом напишите п (правда) или н (неправда) или т (трудно сказать).

1 Парикмахер работает с семи до девяти вечера.

2 Кассы работают с девяти до восемнадцати часов.

3 Магазин № 34 работает с девяти до восемнадцати часов.

4 Оптика работает с девяти до двадцати часов.

5 Оптика работает каждый день.

6 Музей-усадьба Толстого открыт каждый день?

Задание 19

Перепишите фразы в тетрадь и поставьте ✔ рядом с правильной фразой.

1 Когда можно купить билеты в кассах?

В семь часов утра.		В семь часов вечера.	

2 Когда можно купить очки?

В семь часов.		В девять часов.	

3 Когда можно сделать новую причёску?

В шесть часов вечера.		В десять часов вечера.	

4 В пятнадцать часов можно узнать больше –

о Толстом.		об иконах.	

🕮 Задание 20

Посмотрите на план:

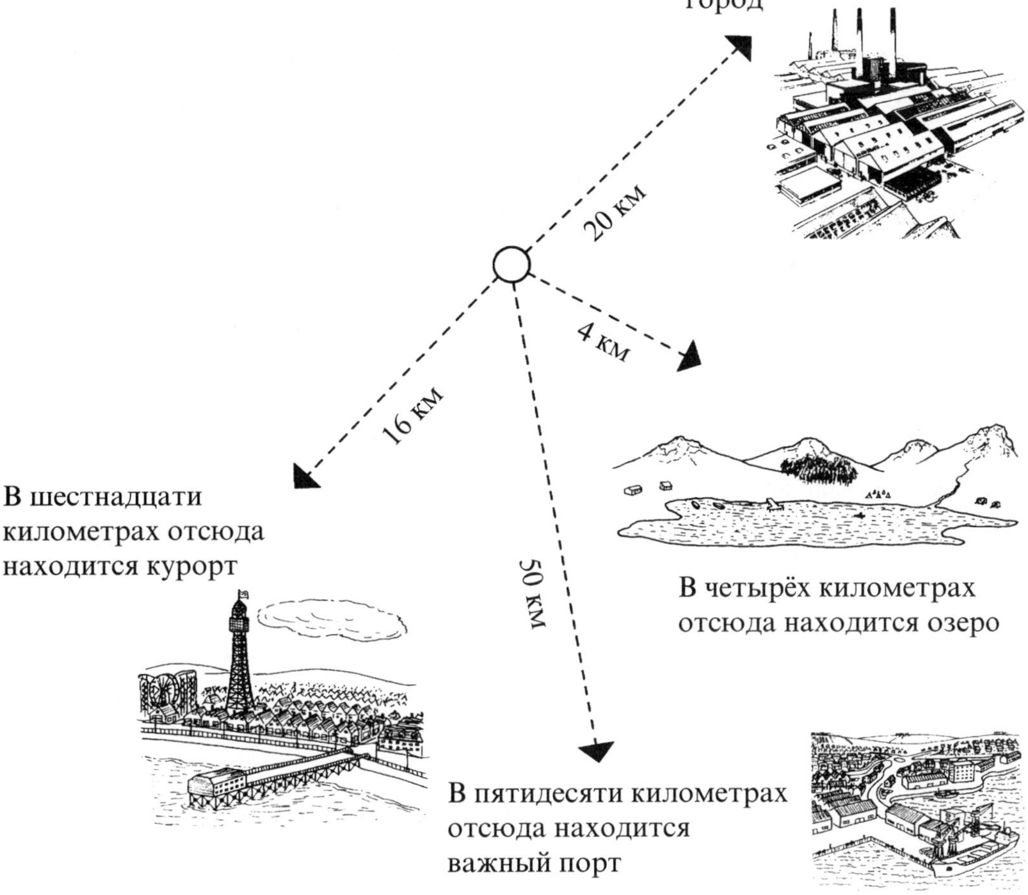

в	двух трёх четырёх	километрах милях	отсюда

в	пяти шести семи восьми девяти	километрах милях	отсюда

в	пятидесяти шестидесяти семидесяти	километрах милях	отсюда

в	сорока девяноста ста	километрах милях	отсюда

Проверка Г

Прочитайте и напишите на каком расстоянии находятся следующие места?

Например: Lake – 54 miles.
Озеро находится в пятидесяти четырёх милях отсюда.

1 Town centre – 8 km.
2 Manchester – 185 miles.
3 River – 17 miles.
4 The nearest university – 68 km.
5 The nearest stadium – 32 km.

Задание 21

Выберите слова. Прочитайте текст, и в тетради напишите нужные слова.

Лондон, (1) ________ Англии, был (2) ________ до нашей (3) ________ . Это очень (4) ________ и (5) ________ город. Он был (6) ________ на берегу (7) ________ Темзы. В центре города – так называемый Сити. Там много (8) ________ ; там работают бизнесмены. (9) ________ святого Павла находится в этом районе. Если захочешь посмотреть пьесу, пожалуйста, много (10) ________ около Пикадилли.

На Трафальгарской площади известная (11) ________ галерея, а также (12) ________ Нельсону. Через реку несколько известных (13) ________ . В Лондоне, конечно, очень интенсивное движение. Машины, такси, автобусы, мотоциклы ходят весь день. Особенно много – в часы пик, но можно отдохнуть в (14) ________ , например в Гайд- (15) ________ , или в Грин- (16) ________ . В Лондоне живёт восемь (17) ________ (18) ________ .

парке	основан	исторический	реки	банков	
памятник	миллионов	парке	театров	жителей	
эры	столица	построен	собор	старый	парке
мостов					картинная

Задание 22

Работа в группе. Прослушайте запись и запишите четыре факта. В группе (три, четыре или пять человек) обсудите, что вы записали. Правильны ли ваши факты? Как думают другие студенты? Прослушайте ещё раз, потом напишите доклад о Золотом Кольце.

Словарь:		
	камень	stone
	кирпич	brick
	крепость	fortress
	купол	dome
	пожар	fire
	холм	hill

Суздаль

Задание 23

Прочитайте текст, потом ответьте на вопросы.

Москва – крупнейший в стране промышленный, научный и культурный центр. Город занимает около 1,000 кв.км. (квадратных километров).

В центре находится Кремль. Вокруг Кремля – высокие кирпичные стены. В Кремле три собора, которые построили в пятнадцатом веке, одна маленькая, древняя церковь, музей и государственные здания.

К югу от Кремля протекает Москва река; к востоку – находится Красная площадь. На Красной площади Исторический Музей и Храм Василия Блаженного, или, как его часто называют, Покровский Собор. На Красной площади, напротив Кремля – ГУМ, самый большой универсальный магазин в России.

На Москве-реке три порта, а также в Москве 4 аэропорта, 80 музеев и 25 театров, в том числе хорошо известный Большой театр. Там также находится самая большая в мире библиотека и огромный университет.

Городской транспорт, включая автобусы, троллейбусы, трамваи, маршрутные такси и метро, очень дешёвый. Метро особенно чистое и уютное. Стоит посмотреть станции метро.

На окраинах (значит не в центре) города есть автозаводы и заводы, где производят металл и электрические приборы.

а Сколько в Кремле соборов?

б Как называется музей, который находится на Красной площади?

в Что вы знаете о Москве как о промышленном городе?

г Из чего построили стены вокруг Кремля?

д Какие виды транспорта есть в Москве?

е Что производят на заводах и где они располагаются?

Задание 24

Прослушайте прогноз погоды и запишите правильные буквы в тетрадь.
Например: г
Внимание: Не все слова нужны.

а rain
б snow
в warm
г cold
д northerly wind
е temperature –7°
ж frost
з sun
и temperature –17°

Задание 25

Соедините русские предложения с английскими вариантами.
Например: 1 = k

1 Тепло.
2 Идёт дождь.
3 Туманно.
4 Холодно.
5 Плюс 17 градусов тепла.
6 Пасмурно.
7 Идёт снег.
8 Плохая погода.
9 Солнце светит.
10 Хорошая погода.
11 Ветрено.
12 Минус 4 градуса мороза.

a It's windy.
b It's bad weather.
c It's cloudy.
d It's snowing.
e It's good weather.
f The sun is shining.
g It's cold.
h It's 4 degrees below freezing.
i It's raining.
j It's foggy.
k It's warm.
l It's 17 degrees above freezing.

Задание 26

Look at the weather map for today and read the suggested script underneath.

На западе пасмурно и идёт дождь. На севере туманно. На востоке минус 10 градусов и идёт снег. На юге тепло, плюс 20 градусов и солнце светит.

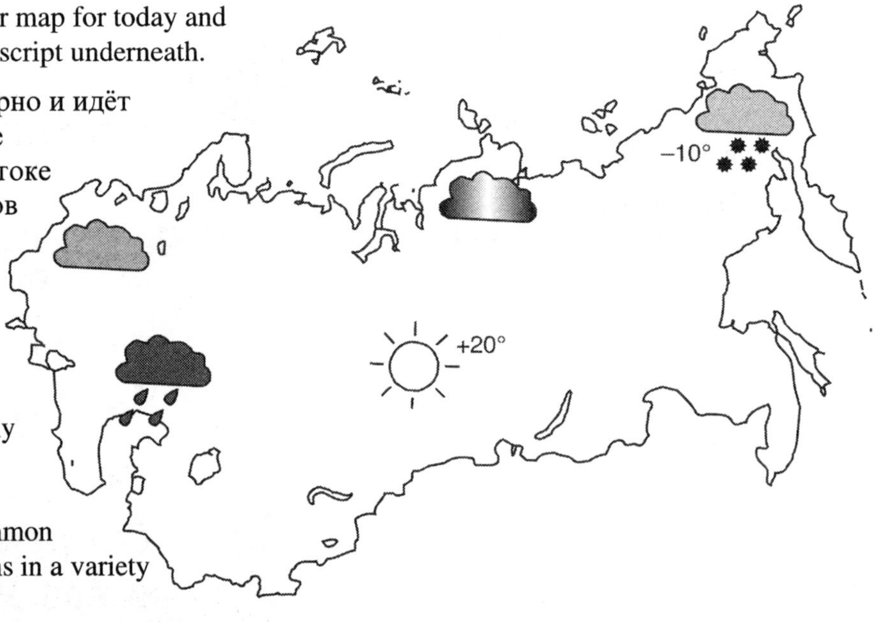

Now study carefully the following table on page 51 which shows you the common weather expressions in a variety of tenses.

Using this table and perhaps the script, devise a weather forecast of your own using at least two of the tenses.

What have you learned?/Чему вы научились?

In this unit you have learned:
The high numbers:

миллион	два три миллиона четыре	пять миллионов
тысяча	две три тысячи четыре	пять тысяч
сто	двести триста четыреста	пятьсот

How to describe your town or region and what it is possible to do there.

How to give directions.

How to say when shops are open or closed:

открыт с восьми до семнадцати
закрыт с двух до трёх

How to give distances:

в четырёх километрах отсюда
в пятидесяти милях отсюда

How to describe the weather:

Past tense ← Вчера	Present tense ↑ Сегодня	Future tense → Завтра
было холодно	холодно	будет холодно
было прохладно	прохладно	будет прохладно
было тепло	тепло	будет тепло
было жарко	жарко	будет жарко
было душно	душно	будет душно
было ветрено	ветрено	будет ветрено
было туманно	туманно	будет туманно
было пасмурно	пасмурно	будет пасмурно
было морозно	морозно	будет морозно
шёл дождь	идёт дождь	будет дождь
шёл снег	идёт снег	будет снег
солнце светило	солнце светит	солнце будет светить
было плюс 5 градусов тепла	плюс 5 градусов тепла	будет плюс 5 градусов тепла
было минус 2 градуса мороза	минус 2 градуса мороза	будет минус 2 градуса мороза
была хорошая погода	хорошая погода	будет хорошая погода
была плохая погода	плохая погода	будет плохая погода

Remember the words!/Запомните слова!

Nouns

автозаво́д	car factory
архитекту́ра	architecture
бизнесме́н	businessman
век	century
весна́	spring (*season*)
восто́к	east
докла́д	report
достопри-меча́тельность	sight
жи́тель	inhabitant
заво́д	factory
зда́ние	building
зима́	winter
ка́сса	box office, booking office
кирпи́ч	brick
кора́бль	ship
коро́ва	cow
куро́рт	resort
ле́то	summer
лу́г(а́)	meadow(s)
миллио́н	million
монасты́рь	monastery
окра́ина	outskirts
о́птика	optics, optician's
о́сень	autumn
парикма́херская	hairdresser's salon
переу́лок	alley, lane
пожа́р	fire
прибо́р	device, instrument
причёска	haircut
райо́н	region
расстоя́ние	distance
река́	river
ремо́нт	repair
ры́нок	market
ска́лы	cliffs
собо́р	cathedral
сооруже́ние	building
стена́	wall
столи́ца	capital
ты́сяча	thousand
фа́брика	factory
фе́рма	farm
честь	honour
юг	south

Verbs

пострада́ть	to suffer
производи́ть	to produce
протека́ть	to flow
располага́ться	to be situated
существова́ть	to exist

Adjectives

бога́тый/ая/ое	rich
ва́жный	important
высо́кий	high
гря́зный	dirty
дешёвый	cheap
дре́вний/яя/ее	ancient
живопи́сный	picturesque
загрязнённый	polluted
зи́мний/яя/ее	winter
изве́стный	famous
истори́ческий	historical
крупне́йший	the largest
кру́пный	large
нау́чный	scientific
огро́мный	huge
па́смурный	cloudy, dull
промы́шленный	industrial
сельскохозя́йст-венный	agricultural
совреме́нный	modern
стари́нный	ancient
ую́тный	comfortable
чи́стый	clean

Adverbs

неда́вно	recently
сли́шком	too
сравни́тельно	comparatively

Prepositions

включа́я	including
напро́тив	opposite

Others

на восто́ке	in the east
на за́паде	in the west
на се́вере	in the north
на ю́ге	in the south
на́шей э́ры	AD
осно́ван	founded
постро́енный	built
прекра́сно	it's excellent

УРОК 4 Чем вы занимаетесь?

Задание 1

Прослушайте запись и выберите правильный ответ.

1 Света уже получила от Джули…
2 Света занимается…
3 Она интересуется…
4 Сколько лет она играет на кларнете?
5 Какой музыкой она увлекается?
6 Что она любит смотреть по телевизору?
7 Она хочет узнать чем Джули…

а	б	в
письмо	запись	открытку
гимнастикой	аэробикой	чтением
музыкой	литературой	футболом
3 года	4 года	5 лет
классической	джазом	популярной
фильмы	пьесы	спектакли
занимается	увлекается	интересуется

дельтапланери́зм

во́дные лы́жи

верхова́я езда́

го́рные лы́жи

📖 Задание 2

Прочитайте это письмо и ответьте на вопросы: п (правда) или н (неправда) или т (трудно сказать).

1-ое сентября

Дорогая Света

Спасибо за твою запись.

Теперь я расскажу тебе о себе. Мне 17 лет и я учусь в 'Даун Хауз' недалеко от Ньюбери на юге Англии. Сейчас я в шестом классе.

Даун Хауз – нетипичная английская школа: это женская частная школа-интернат. Мой папа работает за границей, и поэтому нам с братом надо учиться в школе-интернате. У меня много интересов. Я интересуюсь музыкой: я пою в школьном хоре и часто хожу на концерты, которые организуются в нашей школе. Я также увлекаюсь поп-музыкой и люблю слушать свой плейер и радио, но у меня нет любимой поп-группы. В Даун Хаузе мы часто занимаемся спортом. Я особенно увлекаюсь теннисом и я неплохо играю. Я занимаюсь теннисом четыре раза в неделю и играю в школьной команде.

Я также увлекаюсь литературой, и по вечерам я много читаю – обычно романы, но иногда и журналы. По-моему, смотреть телевизор очень скучно! Мой брат всё время смотрит спорт по телевизору. А я ненавижу это, но я просто обожаю Гари Линекера. Ты знаешь его? Раньше он был нашим самым лучшим футболистом. Он очень симпатичный и стройный парень.

А чем ты занимаешься в свободное время?

Жду ответа,

Джули

1 Джули учится в типичной английской общеобразовательной школе.

2 Она интересуется только поп-музыкой.

3 Её отец работает профессором.

4 В её школе девочки много занимаются спортом.

5 У них хорошая школьная команда по бадминтону.

6 Джули всё время смотрит спортивные передачи.

7 Ей очень нравится Гари Линекер.

8 Джули хочет узнать, чем Света занимается в школе.

9 Джули увлекается не только спортом, но и чтением.

Задание 3

Посмотрите на картинки и на таблицу. 'А' выбирает цифру в таблице и 'Б' должен сказать, чем он/она занимается и т.д.

Например: А: 1 Б: Я занимаюсь теннисом

Так можно сказать по-другому, что вы любите.

Я занимаюсь теннис<u>ом</u> — I do ✓

Я интересуюсь политик<u>ой</u> — I am interested in ✓✓

Я увлекаюсь чтени<u>ем</u> — I am keen on ✓✓✓

а

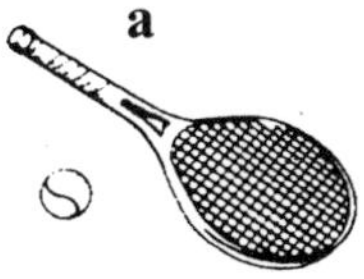

теннис

б

чтение

в

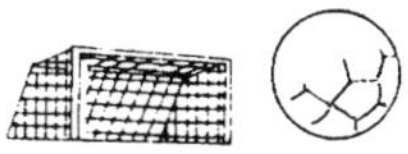

футбол

г

виндсерфинг

д

плавание

е

крикет

ж

музыка

з

снукер

и

сквош

к

аэробика

1 а ✓	2 в ✓✓	3 е ✓✓✓	4 ж ✓✓	5 з ✓
6 б ✓✓	7 з ✓✓✓	8 в ✓	9 б ✓✓	10 к ✓✓✓
11 ж ✓✓✓	12 к ✓	13 г ✓✓	14 и ✓	15 д ✓
16 в ✓✓✓	17 д ✓✓	18 г ✓	19 и ✓✓	20 е ✓

Я обожаю русский язык  А вы?

Задание 4

Работа в группах. Разыграйте роли в диалоге. Потом разыграйте ещё раз, но на этот раз замените подчёркнутые слова одним из слов снизу в квадрате.

Журналистка: Ребята, скажите, пожалуйста, чем увлекаются девочки в России?

Таня: Я занимаюсь виндсерфингом и аэробикой.

Нина: Я занимаюсь каратэ и фехтованием.

Соня: Я увлекаюсь живописью, плаванием и балетом.

Журналистка: А чем интересуются мальчики?

Павел: Я интересуюсь моделированием, а мой друг Саша увлекается комьютерами и, конечно, компьютерными играми. Он хочет изучать электронику в университете.

Иван: Мы все любим смотреть видеофильмы и, конечно, увлекаемся поп-музыкой.

Коля: Да, я люблю слушать мой японский плейер.

Иван: И мне ещё нравится кататься на роликовой доске. Это так здорово!

гольф	футбол
волейбол	спорт
снукер	музыка
бадминтон	литература
гимнастика	пение
физкультура	велосипед
астрономия	физика
баскетбол	нетбол

русский язык
настольный теннис
катание на лыжах

Проверка А

See Grammar Sheet 12.

Напишите чем вы занимаетесь (✓), интересуетесь (✓✓) или увлекаетесь (✓✓✓).
Например: (✓✓) tennis

Я интересуюсь теннисом

1 (✓) football
2 (✓✓✓) sport
3 (✓✓) music
4 (✓✓✓) literature
5 (✓) basketball
6 (✓✓) windsurfing
7 (✓) Russian
8 (✓✓✓) PE
9 (✓) table tennis
10 (✓✓✓) skiing

Как они проводят свободное время днём и вечером

Задание 5

Посмотрите на календарь семьи Молдавских:

	Днём	Вечером
Пн	Оля – плавание	
Вт	Андрей – баскетбол	Папа – теннис
Ср	Оля с Андреем – бадминтон	
Чт	Андрей – каратэ	
Пт	Оля с бабушкой – плавание	Папа – теннис
Сб	Мама – аэробика	Оля и Андрей у друзей
Вс	все – 'Монополь'	все в гостях у тёти Жени

Вы согласны? Напишите п (правда) или н (неправда) или т (трудно сказать).

1 Каждый понедельник и каждую пятницу Оля плавает.

2 Папа играет в теннис только по пятницам.

3 Они с удовольствием играют в Монополию.

4 По четвергам бабушка занимается каратэ.

5 Они ходят в гости к тёте Жене по средам.

6 Их друзья живут далеко.

7 Мама занимается аэробикой по субботам.

8 Папа играет в баскетбол по средам.

9 Бабушка занимается плаванием по пятницам.

10 Андрей занимается баскетболом по вторникам.

Задание 6

Напишите, чем Молдавские занимаются в течение недели.

Например: По понедельникам Оля занимается плаванием и по средам она играет в бадминтон, и т.д.

Задание 7

Работа в парах/группах.

а Спросите у вашего партнёра чем он/она занимается по вечерам в течение недели и запишите, что он/она отвечает. Ваши записи могут быть или по-русски или по-английски.

б Потом перескажите учителю/другим членам группы/класса, что он/она делает и когда.

Задание 8

Теперь, используя ваши записи, напишите подробно, что делает ваш друг во время недели, как он/она проводит свободное время.

Укажите например: Чем он/она занимается? Где?
Куда он/она ходит? Когда? и т.д.

Задание 9

Прослушайте запись о семье Молдавских. Как вы думаете, где они проводят свободное время и чем они там занимаются? Перепишите таблицу и заполните её по-русски.

Например:

	Кто?	Куда ходит?	Чем занимается?
	Оля	на дискотеку	танцует/слушает музыку

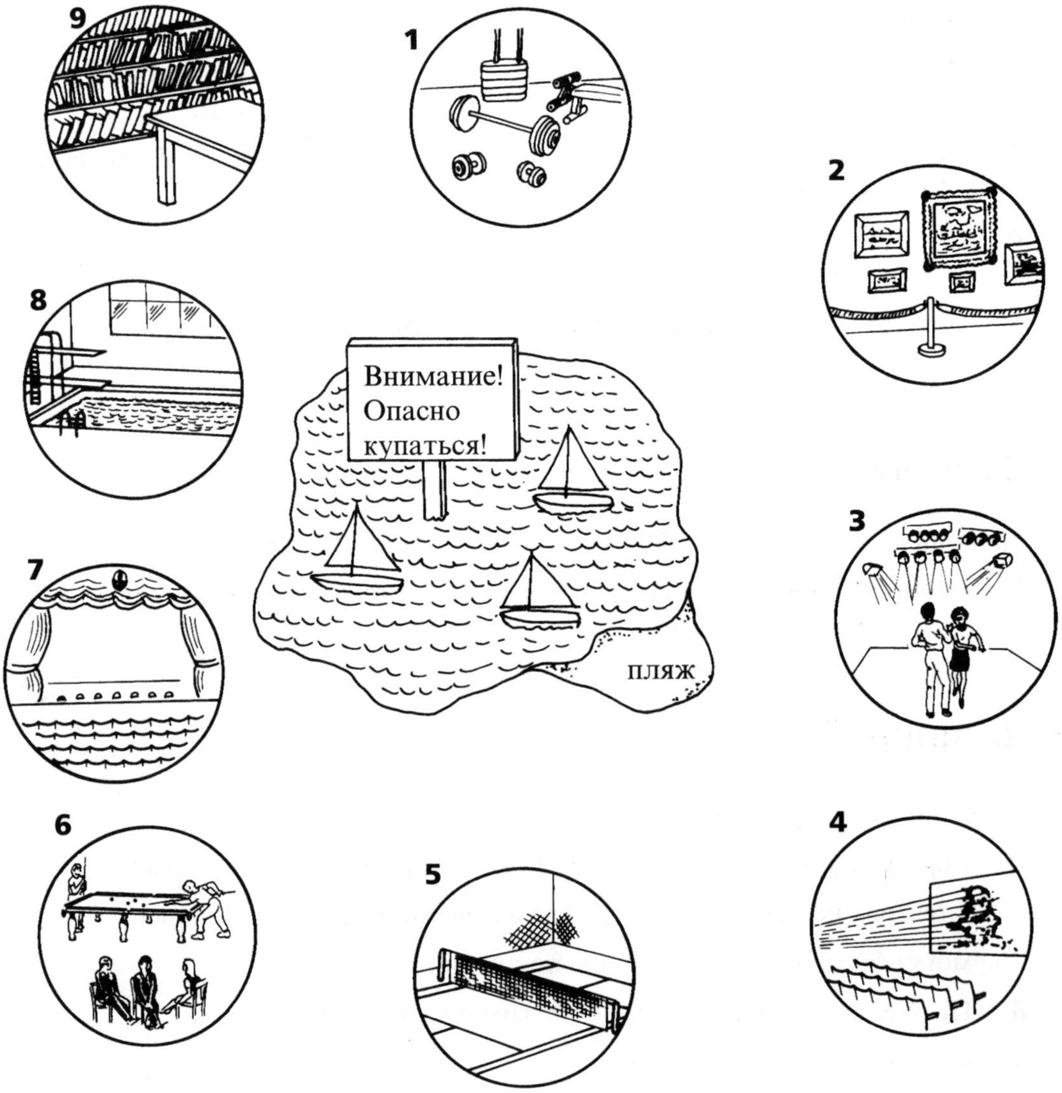

Задание 10

Посмотрите ещё раз на картинки (Задание 9).
Потом спросите партнёра, что он/она делает и почему.

Например: Пн → 8 ∵ ✓✓

А: Что вы делаете по понедельникам?
Б: Я хожу в бассейн, потому что я занимаюсь плаванием.

Не забывайте!
✓ = я занимаюсь
✓✓ = я интересуюсь
✓✓✓ = я увлекаюсь

1 Ср → 6 ∵ ✓✓✓
2 Сб → 5 ∵ ✓✓
3 Вт → 4 ∵ ✓✓✓
4 Чт → 7 ∵ ✓✓
5 Пт → 3 ∵ ✓✓
6 Вс → 8 ∵ ✓✓✓
7 Ср → 1 ∵ ✓
8 Пн → 2 ∵ ✓

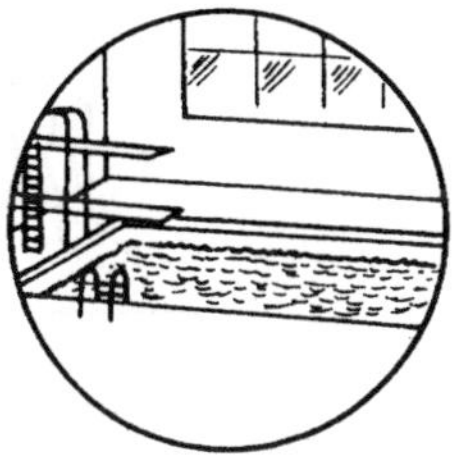

Задание 11

Посмотрите на 10ое задание (1–8).
Теперь напишите, что вы обычно делаете, когда и почему.

Проверка Б

See Grammar Sheet 12.

Напишите, кто чем занимается и т.д.

1 Мой отец (✓✓) (windsurfing).
2 Ты (✓) (aerobics)?
3 Я (✓✓✓) (tennis and football).
4 Мои друзья (✓✓✓) (reading).
5 Ваши родители (✓✓) (music)?
6 Мы (✓✓✓) (pop music)?
7 Моя сестра очень (✓✓) (fencing).
8 Его брат (✓) (computers).
9 Они (✓✓) (electronics).
10 Мой младший брат (✓✓✓) (model making).

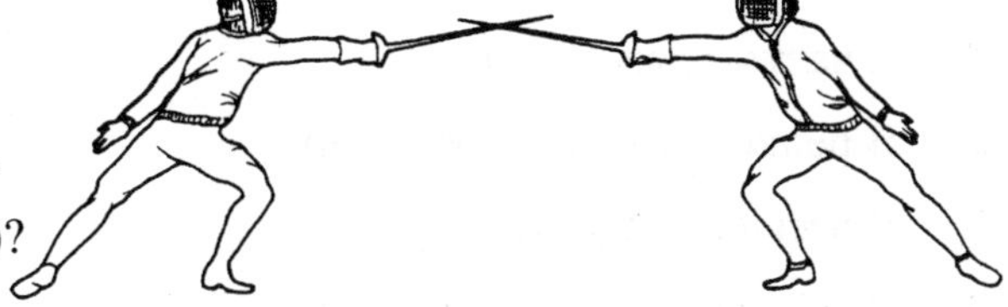

А вы часто занимаетесь спортом?

Задание 12

Посмотрите на картинки и прослушайте запись. Перепишите таблицу и заполните её по-английски.

всегда	обычно	очень часто	часто	довольно часто	иногда	редко	никогда

	Name	How often?	Exactly when?
1			
2			
3			
4			
5			

	Name	How often?	Exactly when?
6			
7			
8			
9			
10			

Задание 13

Find an expression from the right-hand column which would help to show the meaning of the adverbs in 1–9.

1	Я часто хожу в кино	**а**	каждый день
2	Я редко смотрю телевизор	**б**	раз в год
3	Я всегда чищу зубы	**в**	каждый месяц
4	Я обычно смотрю новости	**г**	два раза в неделю
5	Я довольно часто езжу за границу	**д**	каждую субботу
6	Я очень часто смотрю спорт	**е**	раз в неделю
7	Я иногда хожу в театр	**ж**	два раза в год
8	Я никогда не была в России	**з**	Я ещё не была в России
9	Я всегда читаю	**и**	два раза в день

Как часто…?

Задание 14

Не забывайте!			
(1)	раз	в	день неделю месяц год
2 3 4	раза		
5 6 10 50	раз		

Работайте с партнёром и посмотрите на картинки. Спросите партнёра, как часто он/она чем-нибудь занимается.

Например:

А: Вы часто смотрите телевизор?
Б: Да, я часто смотрю телевизор – пять раз в неделю.

А …?

… Б

M	T	W	Th	F	✓ S	S

MAY
(7) (24) (18)

M	(T)	W	Th	(F)	S	S

✓ M	✓ T	✓ W	Th	✓ F	✓ S	S

1994 ✓	✗	1995 ✓✓
? ?	? ? ? ? ?	? ?
✓ 1994 ✓	5?/6? 1995	✓✓✓✓✓✓✓ MTWThFSS

Проверка В

Напишите, как часто эти люди чем-то занимаются.

1 My brother watches TV every day.

2 I have never been to France.

3 My parents always get up early.

4 In summer we play cricket once a week.

5 My sister goes to a disco twice a week, on Saturday and Sunday.

6 We rarely go to a restaurant – perhaps twice a year.

7 They usually go to Spain once a year.

8 I sometimes watch sport on TV, but not very often.

Давай пойдём…

Задание 15

Разыграйте с партнёром следующие роли.

Русские предлагают:

Вы отвечаете:

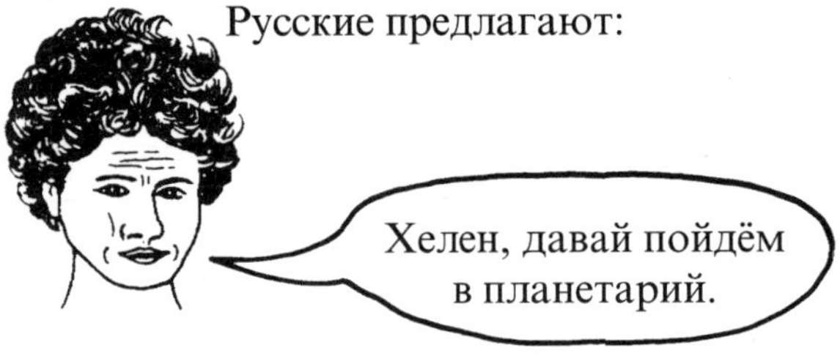

Задание 16

Работа в парах. Посмотрите на картинки. Вы предлагаете куда-то пойти и ваш партнёр должен согласиться или отказаться смотря по картинкам. Потом обменяйтесь ролями.

Например:

А: Давай пойдём на концерт.
Б: Ну, давай, потому что я интересуюсь музыкой.

Не забывайте!

✓ = я занимаюсь
✓✓ = я интересуюсь
✓✓✓ = я увлекаюсь
✗ = я не занимаюсь
✗✗ = я не интересуюсь
✗✗✗ = я не увлекаюсь

А

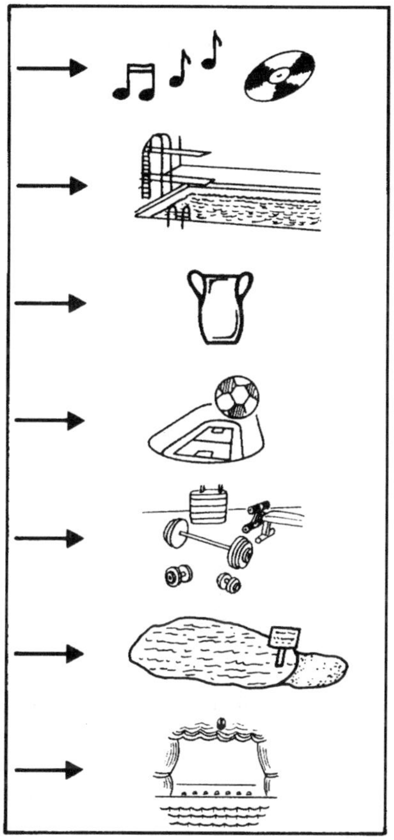

Б

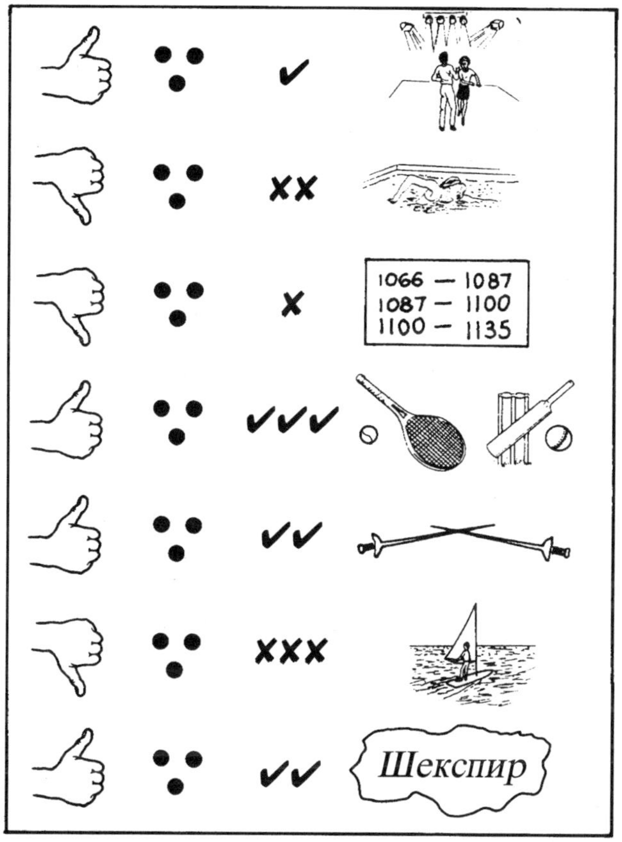

Задание 17

Работа в парах. Вы предлагаете чем-то заниматься. Ваш партнёр соглашается или отказывается и говорит почему. Потом обменяйтесь ролями.

Давай…

А …пойдём в/на …поедем в/на	(кино) театр	спортзал 	консерватория	стадион 
Б (ответ →)	✓✓	✗	(как хотите)	✓
А …сыграем в	бадминтон 	настольный теннис 	баскетбол	домино
Б (ответ →)	✗✗✗	✓	✓✓✓	(как хотите)
А …посмотрим/ послушаем	мультфильм 	(поп) концерт	представление 	рок/поп группа
Б (ответ →)	✓✓✓	✓✓	✗✗✗	(как хотите)
А …встретимся в				
Б (ответ →) Нет, давай…	1.45	5.15	(как хотите)	1.30

Задание 18

Прослушайте запись и заполните таблицу по-английски.

Where is he/she going? What is he/she doing?	When?
×8	

The other person is going (✓) is not going (✗)	Why? Why not?

Проверка Г

See Grammar Sheet 13.

Напишите, куда и когда вы кого-то приглашаете.
Например: Люба, давай пойдём в бассейн в пятницу.

1 Tanya – play chess – Wednesday

2 Mum – go to cinema – Saturday

3 Ivan – meet – 1.00 o'clock

4 Rita – go to theatre – Sunday

5 Sasha and Vera – go to Tula – by train

6 Irina – meet – Sunday – 6.30

7 Kolya and Misha – watch cartoon – on TV – 7.15

8 Sveta – listen to concert – on radio – 8.20

Задание 19

Работа в парах. Пригласите куда-то вашего партнёра. Он может согласиться (+) или отказаться (–). Потом обменяйтесь ролями.

Например: А: Я хочу пригласить тебя в школу на концерт. Пойдёшь?
Б: Извини, но я не интересуюсь классической музыкой.

1 ______ в музей Пушкина.

2 ______ в Эрмитаж.

3 ______ в кино посмотреть новый фильм.

4 ______ в школу на лекцию.

5 ______ на матч по шахматам.

6 ______ на стадион играть в футбол.

7 ______ в университет на выставку.

8 ______ в консерваторию на концерт.

9 ______ в Большой театр на балет.

10 ______ в институт на дискуссию.

11 ______ в клуб сыграть в сквош.

12 ______ к себе домой в семь часов.

а Как здорово!

б Конечно, давай.

в Что за блестящая идея.

г Как интересно.

д Я тоже играю в школьной команде.

е С удовольствием, пойду.

а Извини, но это скучно!

б Я не интересуюсь…

в К сожалению, я не смогу.

г Очень жаль, но я буду занят(а).

д Я не умею играть в…

е У меня нет времени/денег.

Задание 20

Прослушайте запись и заполните таблицу по-русски. Есть восемь предложений.

	куда?	на что?	когда?
1			

Проверка Д

See Grammar Table B.

Вы хотите пригласить куда-то друга/подругу. Оставьте ему/ей записку. Например:

Ballet – Bolshoi Theatre

Я хочу пригласить тебя в Большой театр на балет.

1 disco – school

2 exhibition – university

3 party – Saturday – 9.00pm

4 ballet – Kirov theatre

5 basketball match – stadium

6 concert – conservatoire

7 lecture – institute

8 restaurant – for lunch

9 show – youth club

10 dacha – for dinner

С кем вы переписываетесь?

Задание 21

Перепишите таблицу в тетрадь. Прослушайте запись и заполните таблицу по-русски. Вам уже дали некоторые подробности.

	имя	имя друга по переписке	национальность	интересы
1	Игорь			
2				плавание
3		Гюнтер		
4	Тамара			
5		Каролин		
6				классическая музыка
7			испанка	

Задание 22

Прочитайте этот отрывок из письма русской девушки.

> мало свободного времени. Но когда у неё есть время, сестра занимается спортом, и также очень интересуется музыкой. Она любит волейбол и теннис, и раз в неделю она ходит в спортзал, где она занимается аэробикой. Она думает, что она хорошо танцует! Уже три года она собирает открытки из разных стран. У неё есть друзья по переписке в Англии, в С.Ш.А., во Франции и в Швеции. Это они посылают ей открытки. Сейчас у неё, наверно, штук двести. Я не знаю, почему она так

Теперь выберите человека, которого вы знаете (друга/брата/мать и т.д.). Напишите о нём/ней как можно подробнее. Напишите, например:

Чем он/она занимается; куда он/она ходит; как часто он/она ходит туда/ чем-то занимается; чем он/она интересуется/увлекается; что он/она любит/ не любит/обожает; что он/она собирает; какие или почему он/она их собирает; сколько лет этим занимается; сколько у него/неё штук.

Задание 23

Listen to the tape and answer the questions in English.

Дома
It's Friday morning and Alyosha is still in bed.

1 What time is it at home?
2 What does Alyosha first of all not want to do?
3 What does he say is wrong with him?
4 What is his mother looking for?
5 What does she decide to do?
6 What is he asked to do?

В поликлинике
Alyosha is at the clinic.

7 What does the doctor ask Alyosha to do?
8 What question does the doctor ask him?
9 What information do we find out about his ailments?
10 What does the doctor prescribe?
11 What does Alyosha's mother ask the doctor?
12 What does the doctor reply?

Задание 24

Прочитайте, как плохо чувствуют себя эти люди. Что им надо делать? В тетради, напишите номер и правильную букву.

1 У меня болит голова.
а Я принимаю таблетку.
б Я читаю газету.
в Я иду к зубному врачу.

2 Я сломала ногу.
а Я играю в футбол.
б Я еду в больницу.
в Я пью чай.

3 Я чувствую себя не хорошо. У меня болит зуб.
а Я куплю мороженое.
б Я пойду в бассейн.
в Я позвоню зубному врачу по телефону.

4 У меня грипп.
а Я иду на работу.
б Я иду в бассейн.
в Я иду к врачу.

5 Меня тошнит.
а Я ем котлеты с рисом.
б Я принимаю лекарство.
в Я играю в волейбол.

6 У меня болит горло.
а Я смотрю футбольный матч.
б Я отдыхаю дома.
в Я пою на концерте.

Задание 25

Boris, Natasha, Ivan, Tanya and Anton have each had an accident or are suffering from an ailment. Listen to the tape and see if you can identify the injuries or ailments from the numbered pictures and link them with the lettered ones showing how or where they occurred (i.e. write down a name, a number and a letter; e.g. Boris 3b).

1

2

3

4

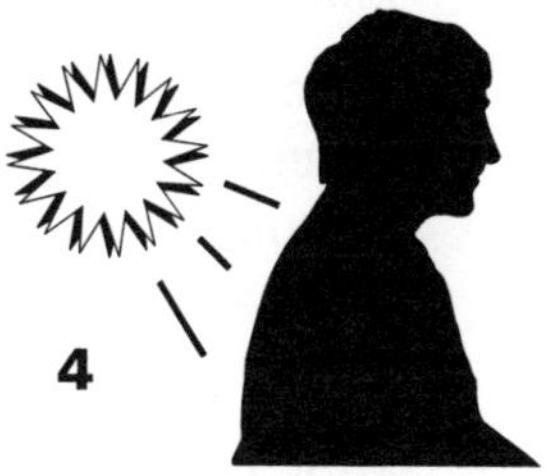

a

5

b

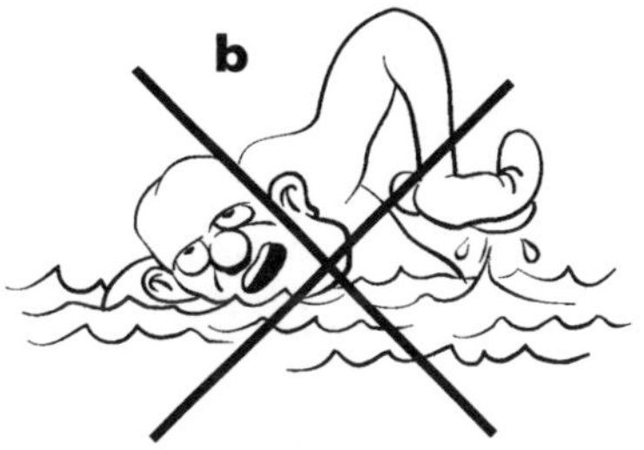

c

d

e

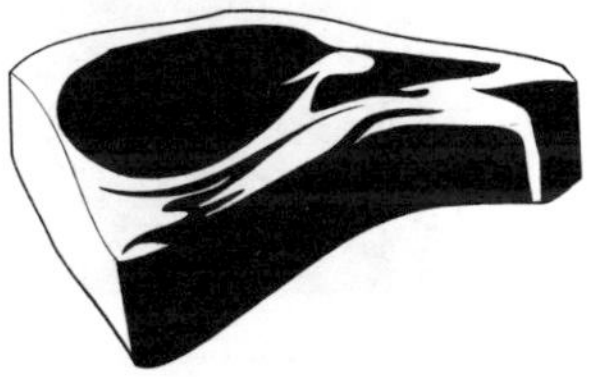

Задание 26

Sveta and Olga have planned to go to the cinema together. Sveta calls for Olga but discovers she is not well. Read the dialogue carefully and then devise one of your own along similar lines.

Света: Привет, Ольга. Ты готова?
Ольга: К сожаленью, нет. Я очень плохо себя чувствую сегодня. У меня болят голова и горло.
Света: Не может быть! Когда ты заболела?
Ольга: Вчера ночью.
Света: Наверно, у тебя температура.
Ольга: Не знаю, но честное слово, идти в кино не хочу.
Света: Конечно. Надо отдыхать. Есть хочется?
Ольга: Нет спасибо. Как ты думаешь – мне нужно к врачу?
Света: Что ты! Мне кажется, что ты простудилась. Лучше лежать в постели.
Ольга: Извини, Света.
Света: Ничего. Я посижу несколько минут и потом домой.
Ольга: Ты – моя любимая подруга!
Света: Я очень рада. Тебе скоро будет лучше.

Чем мы занимаемся

Сегодняшняя молодёжь России очень похожа на своих сверстников на Западе. В свободное время они любят ходить на дискотеки или устраивать вечеринки, чтобы потанцевать и послушать там музыку.

Конечно, они любят смотреть телевизор. По мнению родителей дети проводят слишком много времени перед экраном, следя за приключениями какого-нибудь кино-героя или играя в компьютерные игры.

Многие ребята увлекаются спортом. Мальчики очень любят кататься на роликовой доске, играть в хоккей и футбол. Всё популярнее становится теннис. А зимой, когда стоит мороз и идёт снег, и взрослые и дети любят кататься на лыжах, на коньках или на санках.

Часто в выходные дни или в каникулы ученики ходят со школой в театры или в музеи или ездят на экскурсии.

Большой Театр

What have you learned?/Чему вы научились?

In this unit you have learned the following:

To say what you like to do in your spare time:

я	занимаюсь	спортом
	интересуюсь	политикой
	увлекаюсь	чтением

I	'do'	sport
	am interested in	politics
	am keen on	reading

If you are really keen on something you may say:

я	обожаю	рок-музыку плавание

I	adore	rock swimming

To say how often you do an activity:

по средам	on Wednesdays
по вечерам	in the evenings
по утрам	in the mornings
всегда	always
никогда	never
иногда	sometimes
довольно часто	fairly often
редко	rarely

раз	в	день неделю месяц год
2/3/4 раза		
5/10/100 раз		

once	per	day week month year
2/3/4 times		
5/10/100 times		

How to initiate activity: 'Let's…'

Нина, давай сыграем в сквош.
Галина Петровна, давайте сходим в Эрмитаж.
Ребята, давайте встретимся у входа в театр.

How to say:

У меня болит голова.	I have a headache.
У меня болит горло.	I have a sore throat.
У меня болит зуб.	I have toothache.
У меня грипп.	I have flu.
Я сломал / сломала ногу.	I broke my leg.
Меня тошнит.	I feel sick.
Я чувствую себя не хорошо.	I don't feel well.
Я принимаю таблетку.	I take a tablet.
Я принимаю лекарство.	I take a drug/medicine.
Я иду к врачу.	I go to the doctor.
Я иду к зубному врачу.	I go to the dentist.

How to invite someone to a place and/or an activity:

я хочу пригласить тебя	в	школу консерваторию театр институт	на	дискотеку концерт пьесу выставку матч	Пойдёшь?
	на	стадион			
I'd like to invite/take you	to	a disco at school a concert at the conservatoire a play at the theatre an exhibition at the institute a match at the stadium			Will you go? Would you like to go?

How to respond to the offer:

Positively:		Negatively:	
Да, конечно	Yes, of course	Извини, но…	Excuse me, but…
С удовольствием	With pleasure/I'd love to	К сожалению	Unfortunately…
Прекрасно!	Great!	Жаль, но…	I'm sorry, but…
Как интересно	How interesting	Я уже не интересуюсь	I am no longer interested
Будет весело	It will be fun	Я не люблю	I don't like
Как здорово!	Brilliant!	Мне не нравится	I don't like
Что за блестящая идея!	What a brilliant idea!	Я не умею	I don't know how to
		Я не хочу	I don't want to
		Я не могу	I can't
		Я (буду) занят(а)	I am (will be) busy

How to say you correspond with a foreign penfriend:

я переписываюсь	с	американским мальчиком
		французской девушкой

How to say what you collect:

я он/она они	собираю собирает собирают	марки открытки куклы фотографии

I he/she they	collect collects collect	stamps postcards dolls photographs

Remember the words!/Запомните слова!

Nouns

автóграф	autograph
альпини́зм	mountaineering
америка́нский футбóл	American football
аэрóбика	aerobics
бадминтóн	badminton
балéт	ballet
баскетбóл	basketball
верхова́я езда́	horse riding
вечери́нка в скла́дчину	party where everybody chips in
вид спóрта	kind of sport
виндсéрфинг	wind surfing
гимна́стика	gymnastics
голова́	head
гóрло	throat
грипп	flu
дельтапланери́зм	hang gliding
доминó	dominoes
жéнская шкóла	girls' school
жи́вопись	painting
живóт	stomach
звёзды	stars
зи́мние ви́ды спóрта	winter sports
значóк	badge
зуб	tooth
зубнóй врач	dentist
интерна́т	boarding school
искýсство	art
кани́кулы	school holidays
каратэ́	karate
класси́ческая мýзыка	classical music
компью́теры	computers
компью́терные игры́	computer games
крýжка	mug
кýхня	national cooking
лека́рство	medicine, drug
литератýра	literature
моделирова́ние	model making
'Монополь'	'Monopoly'
напёрсток	thimble
настóльный тéннис	table tennis
ногá	foot, leg
пáрень	young man
пáрусный спорт	sailing
пéние	singing
передáча	programme (broadcast)
плáвки	swimming trunks
пóдпись	signature
представлéние	show/performance
репродýкция	reproduction of pictures
рукá	arm, hand
симфони́ческая мýзыка	classical music
сквош	squash
сóлнечный ожóг	sunburn
спинá	back
фехтовáние	fencing
фигýрное катáние	figure skating
фотоаппарáт	camera
хор	choir
шашлы́к	kebab
шкóльный дневни́к	school/homework diary
шкóльная комáнда	school team
шкóльный обмéн	school exchange
штýка	piece
электрóника	electronics

Verbs

вы́играть	to win
встрéтиться	to meet
заболéть	to fall ill
занимáться	to 'do'
интересовáться	to be interested in
нездорóвиться	to be ill, poorly
пиши́	write (to me) (*imperative*)
подвернýть (perf.)	to twist, sprain
покáзывать (imperf.)	to show
пригласи́ть	to invite
принимáть	to take
сломáть (perf.)	to break
увлекáться	to be keen on
удáриться (perf.)	to hit
упáсть (perf.)	to fall
устрóить	to arrange (organise)
я надéюсь	I hope
я ненави́жу	I hate
я пою́	I sing
я старáюсь	I try to

Adjectives

бóлен/больнá	ill
дóбрен/добрá	kind
люби́мый	favourite
нетипи́чный	not typical
общеобразовáтельный	comprehensive
организóванный	organised
симпати́чный	pleasant
скýчный	boring
совремéнный	modern
стрóйный	slim
чáстный	private

Adverbs

вмéсте	together
осóбенно	particularly
скóро	soon

Expressions

всё врéмя	all the time
жаль!	What a pity!
мáло	(very) few, (very) little
меня́ тошни́т	I feel sick
мне нýжно к врачý?	need I go to the doctor's
мне плóхо	I feel unwell
мы болéем за Челси	We support Chelsea
на пéнсии	on a pension
не беспокóйся об э́том	don't worry about it
нé за что!	think nothing of it!
по-мóему	in my opinion
тебé лýчше лежáть в постéли	you'd better stay in bed
тебé скóро бýдет лýчше	you'll soon feel better
ты невáжно вы́глядишь	you don't look well
Что с тобóй?	What's wrong with you?

УРОК 5 Куда вы поедете?

Задание 1

Прослушайте запись и напишите, куда поедут студенты.

Например: Саймон – в Испанию.

Сандра

Наташа

Ниша

Хельмут

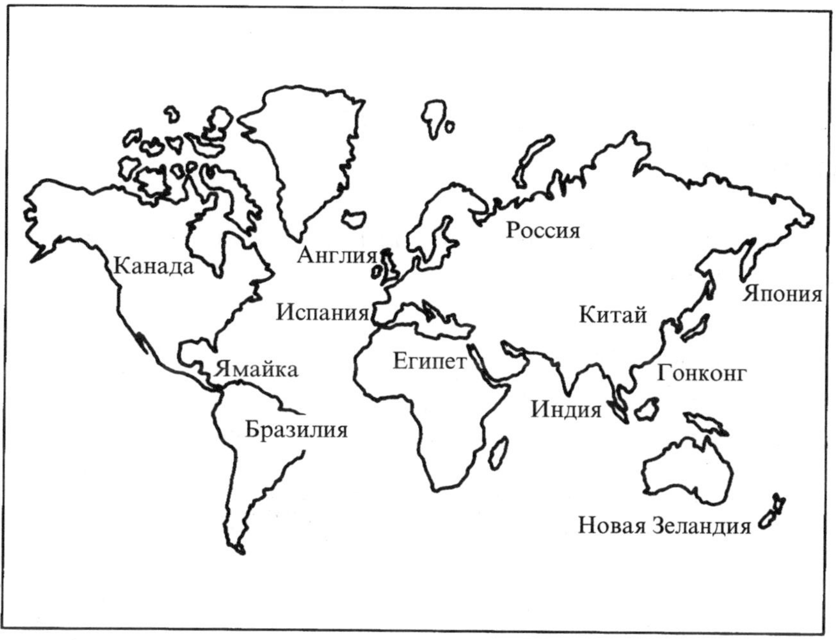

Саймон

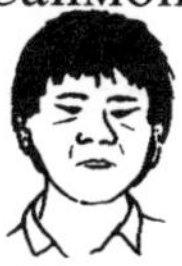
Хуонг

Марк

Дейвид

Задание 2

Вот другие города и страны. Прочитайте. Вы понимаете?

Соединённые Штаты, Мексика, Прага, Ирландия, Болгария, Грузия, Рим, Шотландия, Норвегия, Лондон, Финляндия, Италия, Вена, Израиль, Австрия, Франция, Кардифф, Швейцария, Карибское море

Задание 3

Работа в парах. А вы? Выберите, куда вы поедете.

я поеду	в	Америку **Исландию** Минск
я собираюсь поехать	во	**Францию**

Задание 4

Прослушайте запись и напишите, когда студенты поедут в отпуск.

	Имя	Когда
1	Саймон	25-ого апреля
2		
3		
4		
5		
6		
7		
8		

Задание 5

А вы? Выберите дату поездки. Работайте с партнёром, и спросите, что выбрал партнёр.

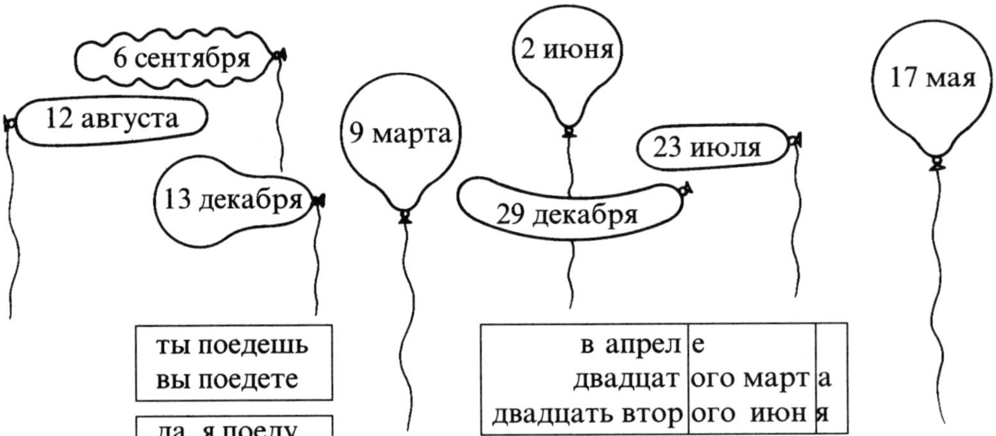

ты поедешь вы поедете

да, я поеду

в апрел	е	
двадцат	ого март	а
двадцать втор	ого июн	я

Задание 6

На сколько времени вы поедете? Запишите эти сроки в тетрадь. Какой отпуск самый длинный?

на пять дней
на один день
на неделю
на две недели
на уикенд
на три дня
на сутки
на месяц

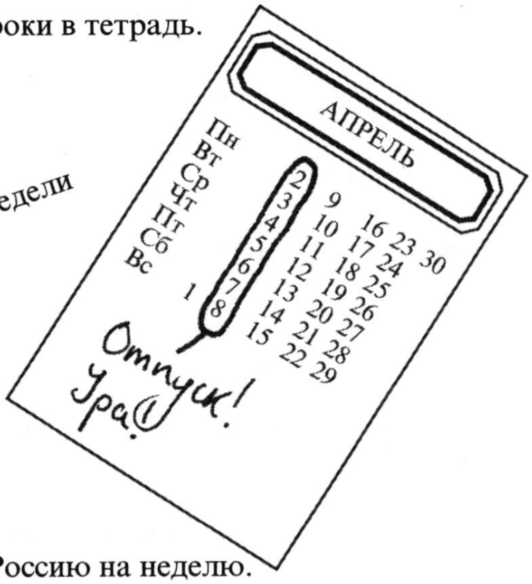

Задание 7

Теперь напишите о вашем отпуске.

Например: Двадцать шестого марта, я поеду в Россию на неделю.

Задание 8

Как они поедут?
Прослушайте запись и посморите на картинки.
Например: 1б

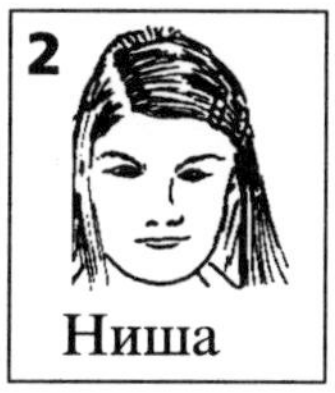

а

б

в

г

д

е

ж

з

Задание 9

Now write what the students say, based on your answers to *Zadanie* 8.

For example: Саймон говорит: «Я поеду на автобусе.»

Задание 10

А вы? Расскажите о вашем идеальном отпуске.

Задание 11

Прослушайте, как некоторые люди рассказывают о планах на отпуск. Заполните таблицу.

дата	транспорт	место назначения	срок	вид отпуска

Задание 12

Вот ваши билеты. Расскажите партнёру, куда вы поедете.

Проверка А «поехать»

See Grammar Sheet 14.

Напишите эти предложения на русском языке:

1 We are going to Spain.

2 Anna is going to Russia.

3 Are you going to Italy?

4 He is going on the 23rd of July.

5 They are going on the 17th of May.

6 I am going for ten days.

7 We are going for a week.

8 They are going by car.

9 Are you going by plane?

10 I am going to France by ferry.

Задание 13

Где вы будете жить в отпуске? У кого вы будете жить?
Например: У бабушки.
У матери.
У друга/подруги по переписке.
Прослушайте запись и укажите картинку.

в гостинице у друзей на даче в палатке
в городе в деревне

а

б

в

г

д

е

ж

з

и

Потом, работайте с партнёром.
Например: « Я буду жить в гостинице» – «Это буква б»

Задание 14

Прослушайте, что они будут делать в отпуске/на каникулах. Посмотрите на картинки. Кто говорит?

Например: 1 = В

Задание 15

Работайте с партнёром и расскажите ему/ей о каникулах.

Куда ты поедешь?
На сколько времени?
Когда ты приедешь?
Что ты будешь там делать?
Что ты там увидишь?

Проверка Б «быть+infinitive»

See Grammar Sheet 15.

Напишите эти предложения на русском языке.

1. I'm going to sunbathe.
2. David will go to museums.
3. We will have breakfast at 10.00.
4. Will you skate?
5. She will go shopping.
6. We will dance at the discos.
7. Will you stay in a hotel?
8. I will look at souvenirs.
9. They will be doing sport.

Задание 16

Вот три туриста, которые хотят поехать куда-нибудь в отпуск.
Прослушайте и запишите, что им будет интересно.

Господин Тагаки

Мисс Кент

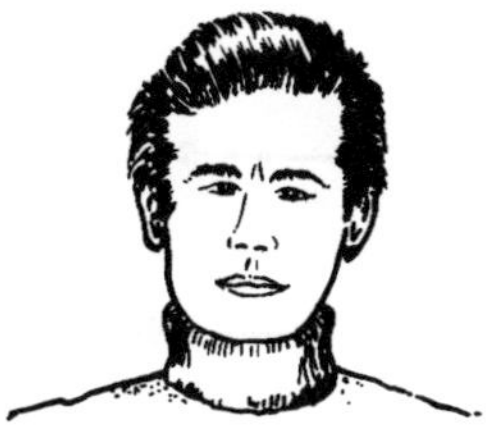

Герр Мюллер

Посмотрите на эти детали. Выберите лучший отпуск для каждого туриста.

А

ТУР НА ТЕПЛОХОДЕ
По озерам Санкт-Петербурга
На неделю
Вы будете жить на теплоходе
Вы увидите острова на реке Неве
и
город Пушкин

Б

ВЫ ЛЮБИТЕ СПОРТ?
Выберите отпуск на озере
Можно кататься на лодке и
заниматься всевозможными
видами спорта

В

ПОСЕТИТЕ МУЗЕИ ИСТОРИЧЕСКИХ СТОЛИЦ РОССИИ!
Одна неделя в Москве и другая в Санкт-Петербурге
Вы увидите самые красивые здания в мире!
СОБОРЫ! ТЕАТРЫ! ИСКУССТВО! МУЗЕИ!

Г

ДВЕ НЕДЕЛИ
НА БЕРЕГУ ЧЁРНОГО
МОРЯ В ЯЛТЕ
Солнце светит каждый день!
Дискотека всегда открыта!

Задание 17

Перепишите письмо и запишите пропущенные слова.

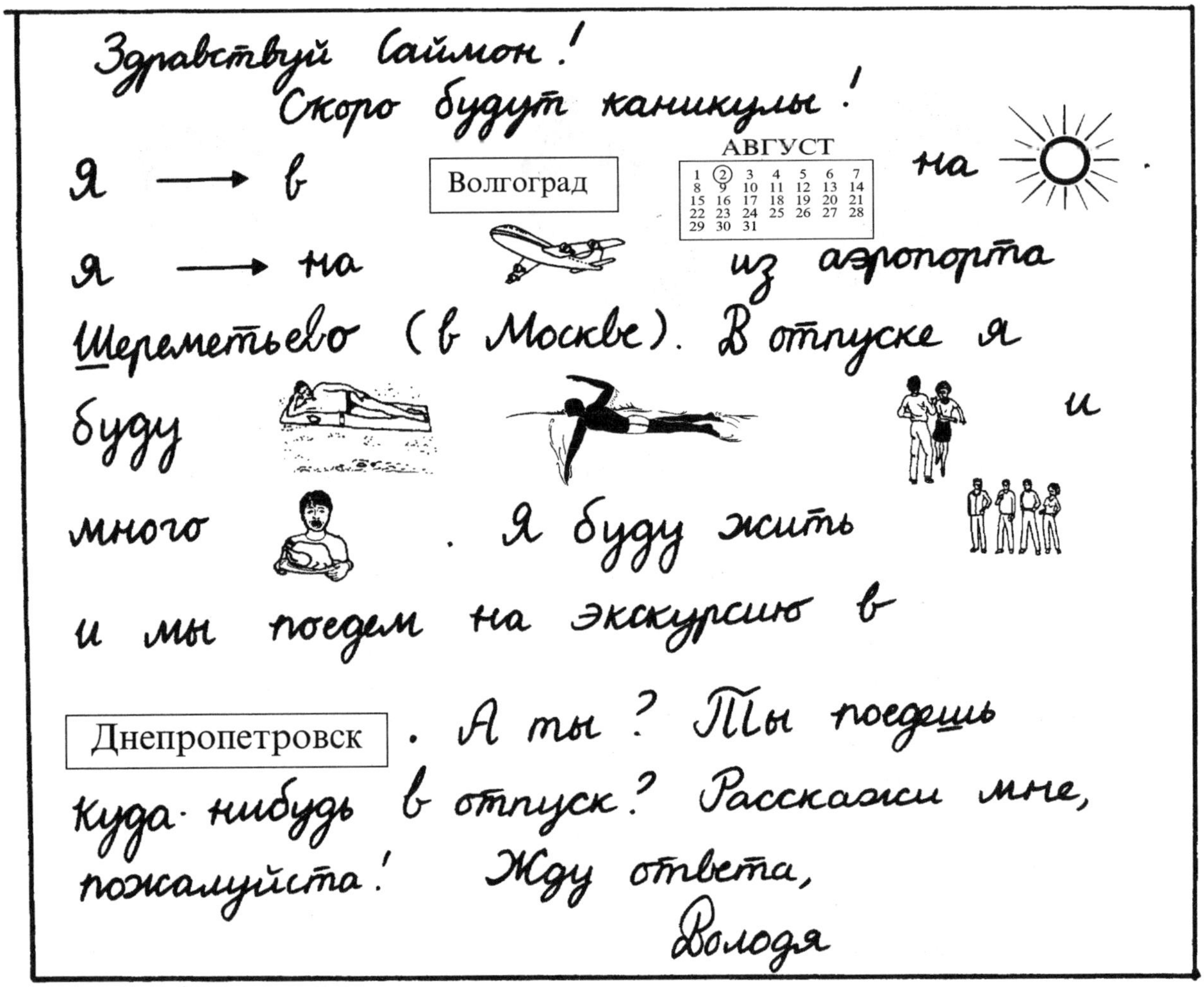

Здравствуй Саймон!
Скоро будут каникулы!
Я → в Волгоград АВГУСТ 1 (2) 3 4 5 6 7 8 9 10 11 12 13 14 15 16 17 18 19 20 21 22 23 24 25 26 27 28 29 30 31 на .
Я → на из аэропорта Шереметьево (в Москве). В отпуске я буду и много . Я буду жить и мы поедем на экскурсию в Днепропетровск. А ты? Ты поедешь куда-нибудь в отпуск? Расскажи мне, пожалуйста! Жду ответа,
Володя

Напишите письмо Володе о вашем отпуске (с картинками, если хотите).

Задание 18

Эти люди приедут к вам. Вы должны их встретить.
Прослушайте запись и заполните таблицу.

имя и фамилия	из	транспорт	прибытие	место	другая информация
Ковалёв	Киева	самолёт	3.00 утра	Станстед	номер рейса СУ 159

Задание 19

Теперь представьте себе, что вы – один из делегатов.

Напишите о себе, например:

> Я Андрей Александрович Ковалёв.
> Я из Киева. Я приеду на самолёте
> в аэропорт Станстед в три часа утра.
> Номер рейса – СУ 159.

Задание 20

Вот другие детали. Ваши друзья не пишут по-русски.
Напишите для них эту информацию.

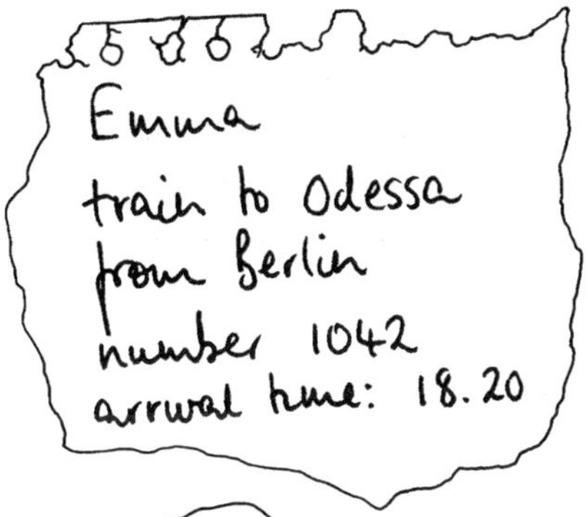

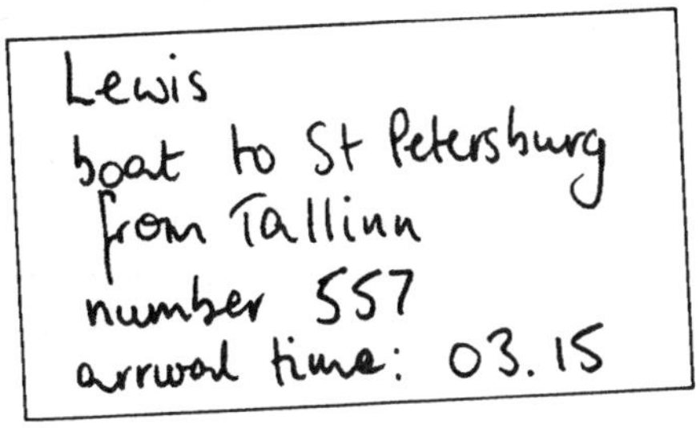

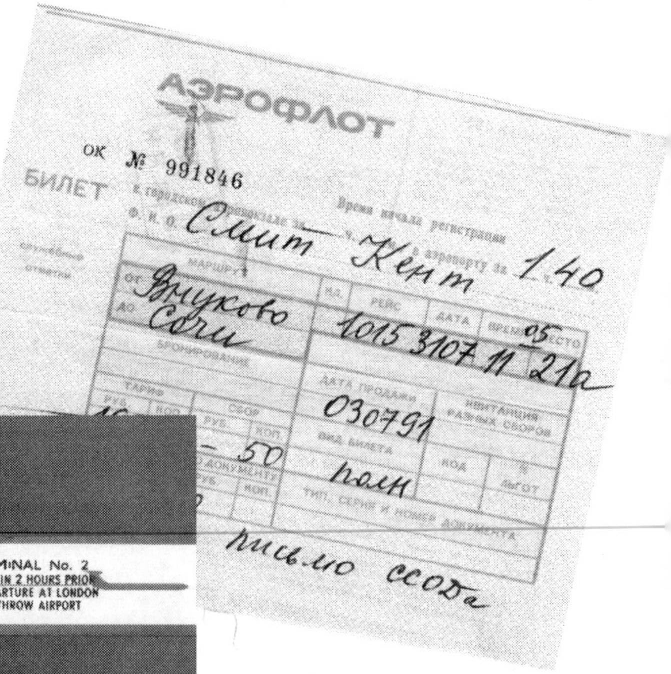

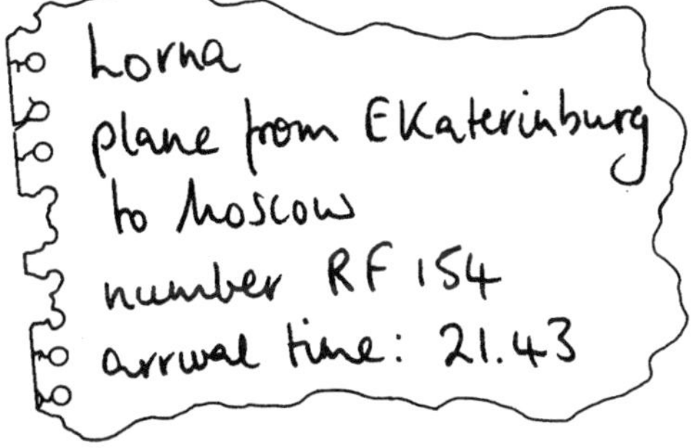

я	поеду	из Лондона в Москву на самолёте
он она	поедет	
я	приеду	в шесть часов в аэропорт Шереметьево
он она	приедет	
Номер рейса	242	

Задание 21

Разыграйте следующие роли:

А – узнайте больше об этих экскурсиях.

Б – у вас есть информация.

Б – ИНФОРМАЦИЯ

Экскурсия	что это	отправляется	дорога длится	транспорт	прибывает	сколько стоит
Сергиев Посад	монастырь	9.30 утра	1.30	автобус	4.30 дня	430 р.
Москва	тур	2.00 дня	0.25	автобус	4.00 дня	300 р.
Ясная Поляна	дом Толстого	8.00 утра	2.00	поезд	6.00 вечера	645 р.
Эрмитаж	музей	10.00 утра	1.00	метеор	10.00 вечера	1075 р.
Концерт	музыка	7.00 вечера	0.25	метро	11.30 вечера	170 р.

ГОСУДАРСТВЕННЫЙ ЭРМИТАЖ
Серия ВБ
ВХОДНОЙ БИЛЕТ
с выставкой
30082
Цена 4000 руб.
Обязательно сохранять до конца посещения

HOTEL LENINGRAD CONCERT HALL
КОНЦЕРТНЫЙ ЗАЛ
ГОСТИНИЦА ЛЕНИНГРАД
Выборгская набережная 5/2
Серия ГЛ
ПАРТЕР 000436
Ряд 12 Место 16
Цена 9000 руб.
КОНТРОЛЬ
94
Т. В. Зак. 8003. Тир. 600 к-тов. 25.09.87 г.

А – ВОПРОСЫ

Что это за экскурсия? →	Это дом/монастырь/музей
В котором часу отправляется? →	Отправляется в ______ часа/часов
Сколько времени нужно ехать? →	______ часа/часов езды
Как мы туда поедем? →	На ______
Когда мы прибываем обратно? →	Прибываем в ______ часа/часов
Сколько стоит? →	Стоит ______ рублей

Проверка В – «–ся»

See Grammar Sheet 16.

Напишите эти предложения на русском языке:

1. The plane leaves at 11.00.
2. The tour starts at 9.00.
3. We will set out at 4.00.
4. They will return very late.
5. The excursion ends at the hotel.
6. The trip will last a week.
7. The service desk opens at 7.00.
8. Will you get back early?
9. He will set out by train.
10. The hotel shuts in December.

ИНФИНИТИВЫ

Отправиться
Закрываться
Вернуться
Длиться
Открываться
Кончаться
Начинаться
Отправляться

Задание 22

Представьте себе, что к вам в город приезжает делегация русских туристов. Они пробудут три дня. Вы должны организовать их пребывание у вас. Напишите план, например:

Суббота

9.00	Экскурсия по городу на автобусе; осмотр исторических зданий города.
13.00	Обед в гостинице Корт Отель.
14.30	Экскурсия в лес.
18.30	Ужин в ресторане Пицца Хат.
20.00	Экскурсия в разные «пабы» города.

Задание 23

Работа в группе. Расскажите друзьям, что вы организовали для русских туристов.

В субботу утром они едут на экскурсию по городу.

Если вы думаете, что это хорошая идея, скажите!

Задание 24

Read the following passage and answer the questions in English.

Школьники говорят о летних каникулах

Я собираюсь поехать во Францию с семьей на три недели – говорит Саймон. Мы поедем туда на машине и приедем поздно, около одиннадцати вечера. Будет отлично. Погода всегда хорошая и тё плая. Как я люблю жить в деревне!

Я предпочитаю Соединённые Штаты – говорит Дейвид. Там много интересного. Мы с друзьями поедем туда без родителей. Мы поедем на самолёте восьмого августа и будем жить в палатке. Мы будем ходить по магазинам и, конечно, покупать сувениры.

Великолепно – добавляет Анна. К сожалению я буду дома летом. Я никак не могу поехать с вами. У меня нет денег. Ой, как я хотела бы поехать в Америку. Там, говорят, красивые магазины.

Марк говорит – Сначала мы с сестрой поедем на автобусе в Довер, а потом на теплоходе во Францию. После трёх дня мы отправляемся с велосипедами на поезде в Голландию. Мы будем там четыре недели. Мы будем покупать сувениры, но также посещать музеи. В Амстердаме есть прекрасные музеи. В Голландии мы тоже будем жить в палатке.

Я буду жить с бабушкой – говорит Наташа. Она живёт недалеко от моря. Я очень люблю бабушку, но у неё маленький дом. Мы с братом поедем на поезде.

– Что там делать? спрашивает Саймон. По-моему, очень скучно будет.

– О нет, отвечает Наташа. Мы будем купаться в море, загорать или заниматься спортом. Мне нравится играть в воллейбол на пляже. Также в городе есть большой спортивный центр. А вечером можно танцевать в клубе.

Answer in English.

1 How long will Simon's holiday last?
2 How will he travel?
3 What does he like about his holiday?
4 What does David think about the holiday in France?
5 When is he leaving?
6 How will he travel and where will he stay?
7 How does he want to spend his time in the USA?
8 Why is Anna not going too?
9 What will she especially miss?
10 Where is Mark spending most of his holiday?
11 How is he travelling?
12 What does he want to do in Amsterdam?
13 Where is Natasha going?
14 What is the main problem for her there?
15 How will she usually spend her time during the day?

Проверка Г «можно, нужно»

See Grammar Sheet 17.

Напишите эти предложения на русском языке:

1 May I book an excursion to Petrodvorets?
2 Can we change money here?
3 He has to book a car.
4 We need to order lunch.
5 Of course you can buy theatre tickets.
6 May we go by ferry?
7 Is it possible to have this shirt cleaned?
8 May I leave my case here?
9 Do you need an early morning call tomorrow?
10 I need to buy some presents.

Задание 25

Прослушайте запись и посмотрите на картинки.
Укажите, что хотят туристы в бюро обслуживания.

а

б

в

г

д

е

Задание 26

Этот турист ничего не знает о гостинице. Помогите ему. Соедините его вопросы с ответами.

Вопросы

1 У меня в комнате нет тёплой воды. Почему?

2 Сколько стоит отдать рубашку в стирку?

3 Можно здесь заказать билеты на балет?

4 На каком этаже номер 312, скажите пожалуйста?

5 Когда работает ресторан?

6 Где мой багаж?

7 Где лифт, скажите пожалуйста?

Ответы

а Постирать рубашку стоит 43 р.

б Конечно, можно. Когда вы хотите посмотреть балет?

в Вот ваш чемодан и сумка.

г Лифт здесь, налево.

д У нас горячая вода только утром и вечером.

е С восьми до девяти – завтрак, с двенадцати до двух – обед и с шести до восьми – ужин.

ж На третьем этаже.

Задание 27

Read the extract of an advertisement and answer the questions in English.

В центре российского курорта Сочи, на берегу Чёрного моря, находится гостиница «Голубой горизонт». В Сочи тёплое солнечное лето и мягкая субтропическая зима. Высокие Кавказские горы защищают курорт от холодных ветров. В гостинице три ресторана, лобби-бар и кафе-мороженое. На десятом Этаже ночной клуб «Клеопатра» и казино в стиле Лас-Вегас. Морской клуб на пляже предлагает все виды морских развлечений и спорта – катание на гидровелосипедах, водных бананах, яхтах, виндсерфингах, океанических байдарках …

Те, кто предпочитают шумным пляжам тишину и покой, могут отправиться в Красную Поляну. Красная Поляна со всех сторон окружена живописными горами. Это лучшее место для охоты и рыбалки на всем Кавказе. Здесь находится новая гостиница «Ледник». В гостинице 42 номера различного дизайна: для альпинистов и горнолыжников, туристов и бизнесменов. Сауна, турецкая баня, снаряжение для рыбалки и охоты, ресторан с русской, турецкой и европейской кухней – всё это к услугам гостей.

1 Which resort would you choose if you wanted to go skiing?

2 What protects Sochi from cold winds?

3 Write two categories of people that the Blue Horizon Hotel would attract.

4 Which hotel offers Turkish baths and Turkish cooking?

5 What is the best place for hunting and fishing?

6 Write two categories of people that the Hotel Glacier would attract.

Задание 28

Работа в парах. Разыграйте роли туриста и работника бюро обслуживания.
Например:

Турист:

Работник:

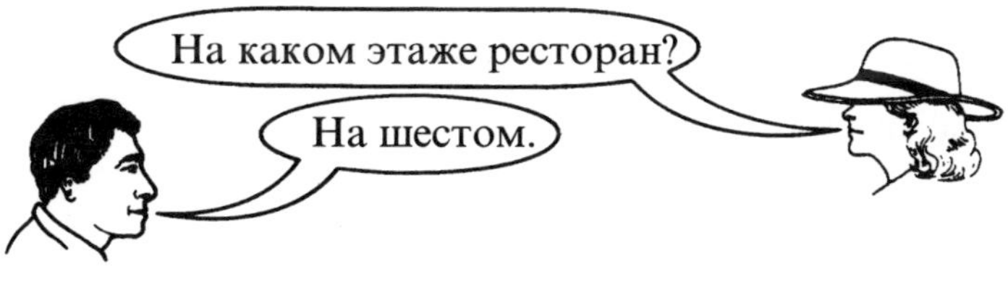

Задание 29

Посмотрите на объявления в гостинице.

а ПОЧТА

г ЗАКРЫТ

н ГАЗЕТНЫЙ КИОСК

и РЕСТОРАН

д СТОЛОВАЯ

ж ОБМЕН ВАЛЮТЫ

б ГАРДЕРОБ

к БЮРО ОБСЛУЖИВАНИЯ

е БУФЕТ

в КАМЕРА ХРАНЕНИЯ

з ГЛАДИЛЬНАЯ

л ОТКРЫТ

м СУВЕНИРЫ

Ответьте на следующие вопросы.

Где можно
1 поесть?
2 купить журнал?
3 выпить пива?
4 погладить блузку?
5 заказать билеты в театр?
6 послать письмо?
7 обменять фунты?
8 купить подарок?
9 съесть хороший обед?
10 оставить пальто?

Задание 30

Разыграйте роли туриста и работника бюро.
Например:

Турист:

Работник:

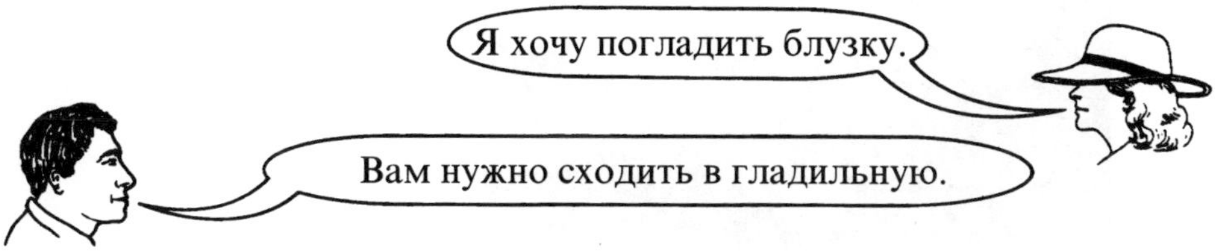

Проверка Д

See Grammar Sheet 14.

Напишите эти предложения на русском языке.

1 I shall arrive at 2 p.m. on foot.
2 Ivan is arriving by train.
3 We went into the hotel.
4 You left the restaurant early.
5 They walked into the airport.
6 Are you going to France by boat?
7 Anna arrived by bus yesterday.
8 She will be leaving at 6 p.m.
9 When are you leaving?
10 We will travel to Scotland in the summer.

Задание 31

Напишите письмо другу/подруге по переписке о каникулах.

Где ты был?
Где ты жил? С кем?
На сколько времени?
Как ты туда поехал?
Что ты делал?
Какая была погода?
Какие твои планы в этом году?

Лето в России

Летом, русские любят ездить где солнечно и тепло, например на Чёрное море, в Крым. Они там живут в лагере или в гостинице или у родственников.

Если у семьи есть дача в деревне или в пригороде, то они там проводят лето, подальше от загрязнённого и шумного города. Дачи бывают разные: большие и маленькие, деревянные и кирпичные, и всегда есть огород, где растут овощи и фрукты. Дети купаются, играют, загорают, а взрослые занимаются огородничеством.

Зимой, русские любят кататься на санках, на лыжах и на коньках. Дети часто ездят в зимние лагеря с друзьями.

What have you learned?/Чему вы научились?

In this unit you have learned:

How to ask questions about holidays you are planning and to answer them:

куда	ты поедешь?		я поеду	в Россию в Китай
когда				4-ого февраля
как	вы поедете?		мы поедем	на машине на самолёте
на сколько времени				на сутки на неделю
где	ты будешь	жить?	я буду	жить на даче жить у матери
что	вы будете	делать?	мы будем	кататься на лыжах ходить по магазинам

How to describe arrivals and departures:

я мы	приеду приедем	в шесть часов в аэропорт
самолёт	прибывает	в Москву
Номер рейса 242		
экскурсия автобус	отправляется возвращается	в десять часов
экскурсия	длится	три дня

How to find out about hotel services:

можно	купить заказать	билеты
	обменять	деньги
	постирать	рубашку
	оставить	пальто
	поесть	
когда	открывается закрывается работает	ресторан гладильная обмен валюты

Remember the words!/Запомните слова!

Nouns

А́встрия	Austria
авто́бус	bus/coach
Аме́рика	America
А́нглия	England
апре́ль	April
ба́бушка	grandmother
бага́ж	luggage
байда́рка	canoe, kayak
бе́рег	bank (of river)
Болга́рия	Bulgaria
Брази́лия	Brazil
бюро́	office
бюро́ обслу́живания	service bureau
валю́та	hard currency
велосипе́д	bicycle
води́тель	driver
во́дные лы́жи	water skis
газе́тный кио́ск	newspaper kiosk
гардеро́б	cloakroom
глади́льная	ironing room
Гонко́нг	Hong Kong
гости́ница	hotel
Гру́зия	Georgia (CIS)
да́ча	country/holiday house
дворе́ц	palace
дека́брь	December
дере́вня	countryside/village
дискоте́ка	disco
достопримеча́тельности	sights
друг/подру́га по перепи́ске	penfriend
Еги́пет	Egypt
за́втрак	breakfast
зда́ние	building
Изра́иль	Israel
и́мя	first (given) name
Индия	India
Ирла́ндия	Ireland
Испа́ния	Spain
исто́рия	history
ию́ль	July
ию́нь	June
ка́мера хране́ния	left luggage office
Кана́да	Canada
кани́кулы	school holidays
Кари́бское мо́ре	Caribbean Sea
ката́ние	rolling
ке́мпинг	campsite
Кита́й	China
ключ	key
код	code
ко́мплекс	group of buildings
ледни́к	glacier
лифт	lift
луна́	moon
маши́на	car
маршру́т	route
Ме́ксика	Mexico
ме́сто назначе́ния	destination
ме́сяц	month
метео́р	hydrofoil
метро́	underground, tube
монасты́рь	monastery
мо́ре	sea
напи́ток	drink
неде́ля	week
Но́вая Зела́ндия	New Zealand
но́мер	room (in a hotel)
обе́д	main meal, lunch
обме́н	exchange
обме́н валю́ты	currency exchange
объявле́ние	notice/advert
о́зеро	lake
октя́брь	October
опла́та	payment
осмо́тр	look/inspection
о́стров	island
о́тпуск	holiday (away)
охо́та	hunting
пала́тка	tent
парохо́д	steamer
план	plan
пода́рок	present
по́езд	train
поє́здка	trip
поко́й	peace
по́чта	post office
пребыва́ние	stay
прожива́ние	stay/accommodation
прока́т	rent, hire
путеше́ствие	trip/journey
развлече́ние	entertainment
раке́та	rocket
рейс	flight, sailing
река́	river

руба́шка	shirt
рыба́лка	fishing
самолёт	aeroplane
сентя́брь	September
снаряже́ние	equipment
собо́р	cathedral
Соединённые Шта́ты	USA
спекта́кль	show
срок	period of time
столо́вая	dining room
страна́	country
сувени́ры	souvenirs
су́тки	24 hours
счёт	account, bill
такси́	taxi
теплохо́д	boat/ship
тишина́	quiet, silence
у́жин	evening meal
услу́га	service
февра́ль	February
Финля́ндия	Finland
фонта́н	fountain
Фра́нция	France
фунт	pound
це́рковь	church
чемода́н	suitcase
шанс	chance/luck
Швейца́рия	Switzerland
экза́мен	examination
экску́рсия	excursion
Яма́йка	Jamaica
Япо́ния	Japan
я́хта	yacht

Verbs

бу́ду/бу́дете/бу́дут	will be
встре́тить	to meet
возвраща́ться	to return (imperf.)
дли́ться	to last
добавля́ть	to add
до́лжен	must
загора́ть	to sunbathe
занима́ться	to occupy oneself
защища́ть	defend, protect
ката́ться на лы́жах	to go skiing
на ло́дке	to go boating
купи́ть	to buy
обменя́ть	to change (money)
отправля́ться	to set out (imperf.)
пла́вать	to swim
побы́ть	to stay
пое́хать	to go (transport)
покупа́ть	to buy (imperf.)
получи́ть	to receive
попа́сть	to get (to)
посеща́ть/посети́ть	to visit
посла́ть	to send (perf.)
предпочита́ть	to prefer
прибы́ть	to arrive/land (perf.)
провести́	to spend time
пробы́ть	to stay (perf.)
разбуди́ть	to wake up
рассказа́ть	to tell (story) (perf.)
смотре́ть	to watch
собира́ться	to plan/intend
стира́ть	to clean/launder
сто́ит	it costs
танцева́ть	to dance
ходи́ть	to go (on foot)

Adjectives

горя́чий	hot
дли́нный	long
до́рого	expensive
закры́т	shut
замеча́тельный	remarkable
мя́гкий	mild, gentle
откры́т/а/о/ы	open
разли́чный	various, diverse
ста́рый	old
тёплый	warm
це́лый	whole
шу́мный	noisy

Adverbs

осо́бенно	especially
совсе́м	quite/completely
(к) сожале́нию	unfortunately
то́чно	exactly

Others

великоле́пно	excellent, splendid
зна́чит	(it) means (that)/so
коне́чно	of course
оде́т в / оде́та в	dressed in
о́коло	approximately
повезло́	lucky (+ dat. = was…)
пусть	let
че́рез год	in a year's time

УРОК 6 К вашим услугам

Поездка в Москву

Задание 1

Прослушайте запись о поездке в Москву и потом ответьте на следующие вопросы:

1. Какие пассажиры в самолёте?
2. Куда летит группа в самолёте?
3. Какая погода во время полёта?
4. Что раздаёт стюардесса пассажирам?
5. Что видно через окно?
6. Что мы знаем об аэропорте?

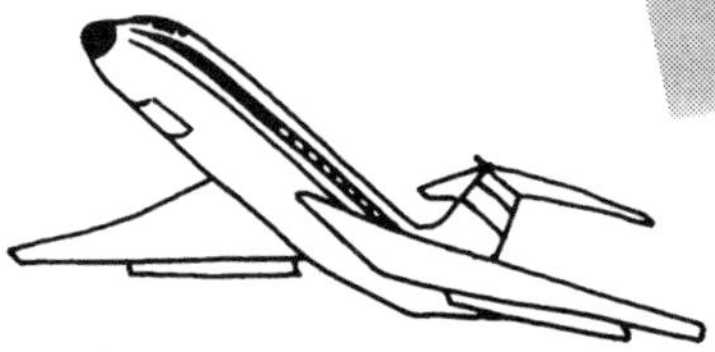

Теперь прочитайте текст:

Мы сейчас летим в Россию. Наш самолёт большой и удобный. Это современный русский лайнер. На борту экипаж и много пассажиров. Среди пассажиров много туристов и бизнесменов, но есть и группа школьников и школьниц. Эта группа из нашей школы в Великобритании. Мы все изучаем русский язык. Русский язык – мой любимый предмет в школе. Наши учителя и учительницы тоже на борту. Мы летим в Москву. Москва – столица России. Погода хорошая, солнце светит. Вот уже под нами Москва. Скоро будет посадка. Стюардессы дают нам конфеты. Я смотрю в окно. Внизу мы видим весь аэропорт – полосу, здания аэропорта, самолёты и автобусы. Это аэропорт Шереметьево – международный аэропорт столицы. Все зарубежные самолёты совершают посадки здесь – самолёты из Парижа, из Берлина, из Мадрида и так далее. Через пять минут будет посадка и мы встретимся с нашими русскими друзьями, у которых мы будем жить. Будет очень приятно!

Прибытие в Москву

Задание 2

Самолёты прилетают в Шереметьево – международный аэропорт Москвы из разных столиц Европы.

Прослушайте запись и выберите правильные ответы.

Например: 1в

1	Рейс 206 прилетает …	**а**	в 12.30
2	Самолёт из Берлина приземлился …	**б**	в 16.10
3	Самолёт из Парижа прибудет …	**в**	в 13.45
4	Студенты из Рима прилетают …	**г**	в 14.45
5	Самолёт из Мадрида приземлился …	**д**	в 15.20
6	Рейс 122 прибудет …	**е**	в 12.20
7	Самолёт из Стокгольма прилетает …	**ж**	в 11.15
8	Самолёт из Варшавы прилетает …	**з**	в 16.15
9	Самолёт из Вены прилетает …	**и**	в 11.45
10	Самолёт из Будапешта прибудет …	**к**	в 20.12

Из какого города и в котором часу?

Задание 3

Прослушайте запись, перепишите таблицу и напишите:

а откуда эти самолёты?
б во сколько они прибывают?

Но внимание! Они не по порядку!

№ рейса	откуда	вр. прибытия
125		
337		
225		

№ рейса	откуда	вр. прибытия
448		
501		

Добро пожаловать

Задание 4

Напишите открытку другу или подруге в Воронеж о поездке.

Кто был на борту?

Какая была погода?

Что вы делали во время полёта?

Как прошёл полёт? и так далее ...

Паспортный контроль и таможня

Задание 5

Прослушайте диалоги и затем ответьте на вопросы:

1 Где работает пограничник?
2 Что он делает?
3 Что он носит?
4 Где он стоит?
5 А где работает таможенник?
6 Что он проверяет?

Теперь прочитайте тексты и узнайте, какие вопросы задают вам пограничник и таможенник.

Паспортный Контроль

Здесь работает пограничник (он в форме и стоит у барьера), здесь надо предъявить паспорт и визу и заполнить декларацию.

Пограничник: Здравствуйте! Ваш паспорт, пожалуйста.

Турист: Вот мой паспорт, и вот моя виза.

Пограничник: (Он проверяет паспорт и тогда говорит ...) Хорошо, всё в порядке, проходите.

Турист: Спасибо!

На Таможне

Здесь работает таможенник (он тоже в форме). Здесь надо показать багаж:

Таможенник: Ваш багаж, пожалуйста. Какой у вас багаж?

Турист: У меня два чемодана, сумка и рюкзак.

Таможенник: Это весь ваш багаж?

Турист: Да, это весь мой багаж.

Таможенник: Откройте, пожалуйста, этот чемодан и эту сумку. (После того, как он проверил багаж, он говорит:) Хорошо, всё в порядке. Проходите.

Задание 6

На таможне туристы ждут багаж. Прослушайте запись и узнайте какой багаж принадлежит кому. Напишите 1–10.

Например: 1 = ж

а 	б 	в 	г 	д 
е 	ж 	з 	и 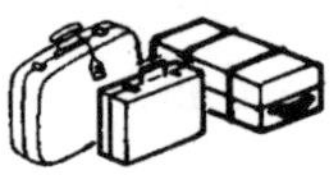	к 

Багаж и содержание

Задание 7

А теперь разыграйте роли в диалоге:

Образец:

Таможенник: Здравствуйте!
Турист: Здравствуйте!
Таможенник: Какой у вас багаж?
Турист: Чемодан и сумка.
Таможенник: Что у вас в сумке?
Турист: Одежда, книги, ________ и ________
Таможенник: Хорошо, всё в порядке, проходите!
Турист: Спасибо, до свидания!

Теперь вставьте в диалоге указанные варианты:

Багаж **Содержание**

1  ??

2  ??

3  ??

4  ?

5  ?

6  ??

Обмен валюты

Задание 8

Теперь надо обменять деньги. Сначала надо найти бюро обмена.
Прослушайте диалоги и затем ответьте на вопросы.

1 Где можно обменять валюту?

2 Какие деньги у туриста?

3 Сколько хочет обменять турист?

Теперь прочитайте диалоги и узнайте, как обменять валюту.

В зале аэропорта

Образец:

Турист: Извините, пожалуйста, где можно обменять валюту?

Стюардесса: Вон там бюро обмена.

Турист: Спасибо.

Стюардесса: Пожалуйста.

В бюро обмена

Турист: Я хочу обменять валюту.

Кассир: Какие у вас деньги?

Турист: У меня фунты стерлингов.

Кассир: Вашу декларацию, пожалуйста. Сколько вы хотите обменять?

Турист: Двадцать фунтов.

Кассир: Подпишите, пожалуйста, сертификат.

Турист: Спасибо, до свидания.

Задание 9

Прослушайте запись и узнайте, сколько эти туристы хотят обменять и какая у них валюта.

Как обменять ваши деньги

Задание 10

Посмотрите на таблицу.

Я хочу Я хотел бы Где можно Можно здесь Вы хотите	обменять	валюту деньги чек? фунты? доллары?
Какая у вас Какие у вас	валюта? деньги?	
У меня У нас	английские фунты/фунты стерлингов американские доллары евры швейцарские франки австралийские доллары канадские доллары	
Сколько вы хотите обменять? Какой сегодня курс? Какой валютный курс?		

Look carefully at the table above.

Now work out a conversation with your partner using the phrases given. One of you will play the role of the tourist and the other the official.

На основе этого образца составьте диалоги с партнёром со следующими вариантами:

$50	$60	£15	70€	£100	55€
£30	20€	$40	$90	$75	$200

Указатели в Шереметьево!

Задание 11

Такие указатели можно увидеть в аэропорту Шереметьево. Выберите эквиваленты на английском языке в Лондонском аэропорту:

Например: 1 = д

1		7	**Отправление**
2	Билетная Касса	8	*РАСПИСАНИЕ*
3	**Стоянка Такси**	9	*ЗАЛ ОЖИДАНИЯ*
4	ВХОД	10	Мужской Туалет
5	**ТАКСОФОН**	11	***Регистрация на Рейс***
6	ВЫХОД	12	УКАЗАТЕЛЬ РЕЙСОВ

а	***TIMETABLE***	ж	*Telephone for ordering a taxi*
б	Gents Toilet	з	WAITING ROOM
в	*EXIT*	и	**Ticket Office**
г	TAXI RANK	к	ENTRANCE
д	***Arrival***	л	**FLIGHT INDICATOR BOARD**
е	CHECK-IN	м	*DEPARTURE*

АЭРОПОРТ ШЕРЕМЕТЬЕВО

ЗАЛ ВЫЛЕТА

DEPARTURE HALL

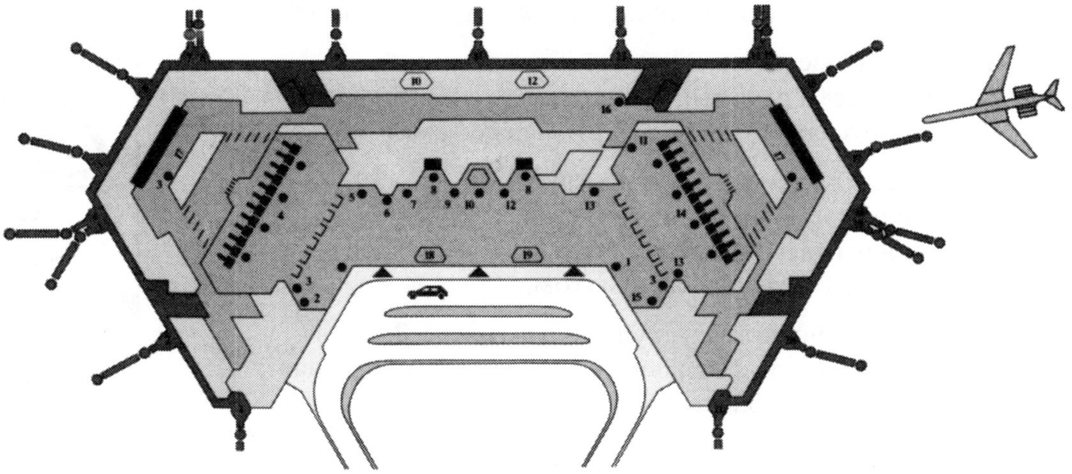

ВЫ ЗДЕСЬ

1 Заполнение таможенной декларации
2 Пограничный ветеринарный пункт
3 Туалеты
4 Блок вылета 1–9
5 Обмен валюты
6 Почта-Телеграф
7 Сберкасса
8 Лифт
9 Парикмахерская
10 Сувениры
11 Кафе
12 Парфюмерия
13 Касса авиабилетов
14 Блок вылета 11–21
15 Комната матери и ребёнка
16 Начальник смены СООП
17 Зал ожидания
18 Касса авиабилетов
19 Информация
Зал транзита – 3 этаж
Ресторан – 5 этаж

Задание 12

Вот план зала вылета Аэропорта Шереметьево. Перед вылетом вы должны ещё кое-что сделать. Укажите номер места где можно…

а обменять деньги

б купить родным подарки

в наскоро закусить

г послать телеграмму домой

д подтвердить время прилёта

е зайти куда-то

Но смотрите – у входа в кафе есть вывеска – РЕМОНТ

Как можно проехать в центр Москвы?

Задание 13

Вы прошли через таможню, вы собрали весь свой багаж, вы обменяли валюту. Теперь пора ехать в гостиницу. Но как проехать туда?

а Можно поехать туда на автобусе-экспрессе. Это совсем дешёвый транспорт. Автобусная остановка вон там перед входом в зал.

б Можно поехать в центр на такси. Это быстрее, но дороже. Стоянка такси находится там налево, рядом с телефоном-автоматом.

в Или можно полететь туда на вертолёте. Здесь в Шереметьево – за главным зданием – вертолётная станция Аэрофлота. Конечно это очень дорого, но зато полёт продолжается только пятнадцать минут.

Выбери правильный ответ.
Например: 1а

1 Автобус
2 Вертолёт
3 Такси
4 Поехать автобусом
5 Поехать вертолётом
6 Поехать на такси
7 Остановка такси
8 Остановка автобуса
9 Остановка вертолёта

а стоит мало денег.
б стоит много денег.
в стоит очень много денег.
г очень быстро.
д медленно.
е быстро.
ж направо около телефона.
з за зданием аэропорта.
и у входа в зал.
к налево у телефона.

Куда хотят поехать туристы?

Задание 14

Прослушайте диалоги и укажите, куда эти туристы хотят поехать.

1	?
2	?
3	?
4	?
5	?

На такси в гостиницу!

Задание 15

Работа в парах. Составьте диалоги «Разговор у стоянки такси». Вот образец:

Турист: Извините, пожалуйста, вы свободны?
Таксист: Да, я свободен. Куда вы хотите поехать?
Турист: В гостиницу Интурист на Тверской, пожалуйста.
Таксист: Хорошо, а где ваш багаж?
Турист: Вот мой багаж. У меня много – три чемодана и сумка.

Сейчас составьте диалоги с указанными вариантами:

	Гостиница	Чемоданы	Сумки
1	Украина	2	1
2	Дружба	1	2
3	Россия	4	3
4	Метрополь	3	4
5	Аэрофлот	2	5
6	Москва	5	3

Гостиница Метрополь

Задание 16

Прослушайте запись и закончите предложения в тетради. Выберите слово из списка.

Гость хочет номер на (1)______ около (2)______. В гостинице приехали (3)______ туристы и поэтому мало свободных (4)______. У гостя ещё (5)______. У него нет (6)______ и невозможно было умываться потому, что только (7)______ вода. Также в номере очень шумно из-за (8)______ окна.

Жена сидит в номере и (9)______. Им невозможно звонить друзьям потому, что (10)______ не работает.

мыла	холодная	лифта	телевизор	закрытого	одного
проблемы	Испания	номеров	испанские	номера	плачет
этаже	воды	кран	смотрит	открытого	двоих	телефон

Свободные номера

Задание 17

Вы с партнёром играете роли туриста и администратора:

Образец:

Турист: У вас есть свободные номера?

Администратор: Да, есть. На втором, третьем и четвёртом этажах!

Турист: Какой номер на втором этаже?
(или на третьем/четвёртом)

Администратор: На втором этаже двадцатый номер!

Свободные номера/ на… этаже:

1 20/2 36/3 48/4

2 7/7 23/2 62/6

3 83/8 55/5 202/20

4 67/6 1/1 108/10

5 32/3 47/4 99/9

6 51/5 37/3 29/2

Письмо другу/подруге

Задание 18

Вы благополучно приехали в вашу гостиницу в Москве.
В письме другу или подруге опишите вашу поездку:

- Как и когда вы приехали?
- Где ваша гостиница?
- Какой ваш номер? И так далее.

Отрывок письма справа может вам подсказать…

Вот отрывок из справочника.

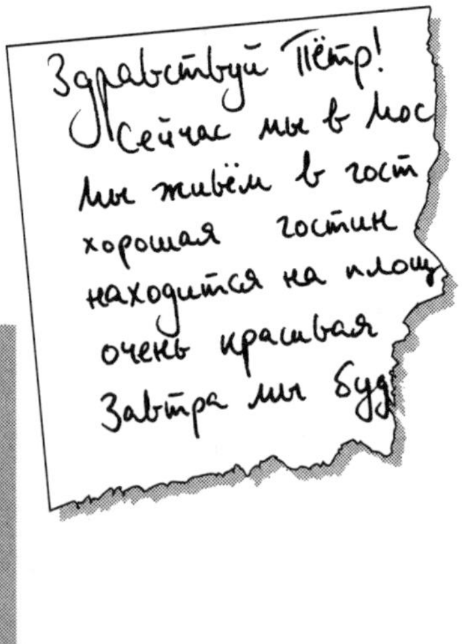

ГОСТИНИЦЫ В МОСКВЕ

Гостиницы:	Адрес:
Аэрофлот	37, Ленинградский Проспект
Интурист	3, Улица Тверская
Метрополь	1, Охотный Ряд
Россия	6, Улица Разина
Украина	2, Кутузовский Проспект

Визитная карточка (или 'визитка')

Задание 19

1

2

3

Look carefully at these hotel cards. They belong to some English tourists who know no Russian. Now answer their questions in English.

1 Do you know what the hotel name means?
What is the address?
I know my room is No 68, but on which floor?

2 Does my hotel name mean anything?
What is the address?
I recognise the Russian word for key, but I do not understand the rest. Can you help?
What is the number 84?

3 What does the name of my hotel mean?
What is the address?
Can I get there by public transport? Which buses/trolleybuses?
What is the meaning of «2 нед» written in the bottom right-hand corner?

Проверка А

See Grammar Sheet 5 and Grammar Table B.

а С кем идёт Иван в кино?

1 Он идёт (with his brothers)
2 Он идёт (with his sister)
3 Он идёт (with his friend)
4 Он идёт (with his girlfriend)
5 Он идёт (with his friends)
6 Он идёт (with his parents)

б Где находится новый клуб?

1 Новый клуб находится (behind the theatre)
2 Он находится (next to the school)
3 Клуб находится (in front of the factory)
4 Наш новый клуб находится (above the cinema)
5 Он находится (between the shop and the hotel)
6 Новый клуб находится (under the library)

Разговоры с администратором

Задание 20

Read the following conversations carefully.

Now work out your own conversations with your partner. Replace the underlined words with the alternatives given below each conversation.

e.g. **а** – Какой номер вам нужен?
– Мне нужна комната с <u>телевизором</u>.

(варианты: мини-бар/душ/телефон/балкон)

б – Как долго вы пробудете здесь?
– <u>Три дня</u>.

(варианты: ночи – 1/2/3, дни – 2/5, недели – 1/2, до пн./ср./пт.)

в – Вас слушают!
– Разбудите меня, пожалуйста, в <u>6 часов 30 минут</u>.
– Хорошо, в <u>6.30</u>.

(варианты: 6.45 / 7.00 / 7.15 / 7.30 / 7.45 / 8.00 / 8.15 / 8.30 / 8.45)

г – Доставьте, пожалуйста, мой багаж в номер!
– Какой у вас номер?
– <u>Триста первый</u>.

(варианты: 21 / 411 / 521 / 636 / 31 / 115 / 98 / 47 / 263 / 45 / 99 / 64)

Кто что делает?

Задание 21

Вот некоторые люди, которые работают в гостинице. В чём заключается работа каждого из них? Например: 1 = в.

а бармен	**б** телефонистка	**в** официант	**г** уборщица	**д** официантка
е дежурная	**ж** администратор	**з** горничная	**и** повар	**к** швейцар

1 Он работает в ресторане и подаёт завтрак, обед или ужин.
2 Она убирает номер.
3 Он работает на кухне и готовит пищу.
4 Он работает в баре за стойкой.
5 Он носит форму и стоит у входа.
6 Она тоже работает в ресторане.
7 Она сидит в коридоре и обслуживает гостей.
8 Она делает уборку в ресторане, в баре, в коридорах и так далее.
9 Он или она работает в бюро.
10 Он или она отвечает, когда звонит телефон.

Алло, администратор.
Включите горячую воду!

Кто – где?

Задание 22

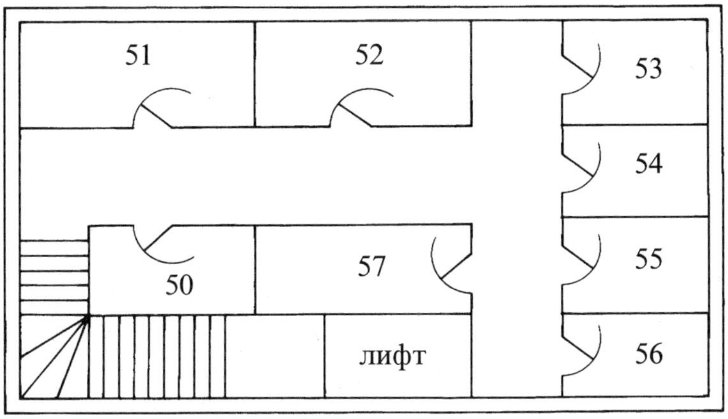

ПЯТЫЙ ЭТАЖ

Рассеянный администратор сказал вам, где будут жить ваши друзья. Уточните: кто – где?

Вот подробности:

1 Они все на пятом этаже.
2 Джейн будет в номере рядом с лифтом.
3 Майк будет в номере напротив номера сестры.
4 Сестру Майка зовут Анна.
5 Анна будет в одной комнате с Джейн.
6 Алисон будет в номере рядом с номером Анны.
7 Барри и Филлип будут в одном номере вместе с братом Анны.
8 У Питера есть брат – его зовут Дейвид.
9 Дейвид будет в комнате напротив номера Мэри, которая будет вместе с Керри.
10 Керри и Алисон будут в одной комнате.
11 Крис будет в номере вместе с Питером и его братом.

Задание 23 (See Worksheet 6.2)

Прослушайте запись, и вы узнаете, где находится ресторан, и в котором часу начинаются и кончаются завтрак, обед и ужин…

ДРУГИЕ УСЛУГИ
Вызов горничной.
Заказ на услуги прачечной.
Другие услуги производятся через дежурную по этажу.
Электронапряжение – 220 В.
Ресторан ____________
Завтрак ____________
Обед ____________
Ужин ____________

Что предлагает бюро обслуживания?

Задание 24

Вы с родителями живёте в одной московской гостинице. Вы видите это объявление. Что предлагает бюро обслуживания? Прочитайте его, чтобы объяснить родителям, что там написано. Напишите по-английски, какие услуги предлагает бюро.

Объявление

Если вы хотите пойти или поехать на экскурсию, вам следует обратиться в бюро обслуживания. Работники бюро закажут вам билеты, организуют экскурсию. Если вам нужно погладить платье или рубашку, почистить костюм, починить обувь, обратитесь к горничной или поднимитесь на шестой этаж в бюро обслуживания.

Задание 25

Где они? Соедините вывески и разговоры (например: 1 = з)

а	Почта	е	Сувениры	л	Бар
б	Телеграф	ж	Буфет	м	Бюро обслуживания
в	Камера хранения	з	Обмен валюты	н	Ресторан
г	Гардероб	и	Гладильная	о	Парикмахерская
д	Газетный киоск	к	Ремонт	п	Администратор

1 Можно здесь обменять доллары?
2 Сколько стоит кружка пива?
3 Здесь можно купить билеты в театр?
4 Две марки, пожалуйста.
5 Где можно погладить блузку?
6 Хочу оставить здесь чемодан!
7 Здесь можно подстричься?
8 Дайте, пожалуйста, бутерброд.
9 Можно сдать пальто и зонтик?
10 Дайте, пожалуйста, «Огонёк».
11 Вот вам меню!
12 Администратор занят?
13 Сколько стоят эти матрёшки?
14 Отсюда можно послать телеграмму?

Остаётся ещё одна вывеска. Что она означает?

15 ________________

В бюро обслуживания

🕮 Задание 26

А Прочитайте объявление в вашей гостинице, которое даёт вам информацию о культурных развлечениях в городе:

идёт…	начинается…	сейчас…
балет	8.30	6:30
опера	7.30	5:45
пьеса	7.15	4:15
фильм	8.30	8:00
спектакль	4.00	2:30
оперетта	2.30	12:15
выставка	10.30	9:45
футбол	3.30	3:10

Б Составьте с партнёром диалоги, по следующему образцу:

Турист: В котором часу начинается концерт?
Служащий: В 8 часов.
Турист: А сколько сейчас времени? (или который теперь час?)
Служащий: 5.30!
Турист: Значит, через два с половиной часа.

Задание 27

Read the following dialogues and answer the questions in English.

А – Скажите, пожалуйста, у вас есть билеты в цирк?
– К сожалению, нет. Обратитесь, пожалуйста, в кассу.
– Я уже был там. В кассе нет билетов.

1 What does the guest want?
2 What answer is he given?
3 What is the guest's difficulty (problem)?

Б – Не можете ли вы заказать мне билеты на пьесу «Три Сестры»?
– Да, конечно. Сколько билетов вам нужно?
– Четыре, пожалуйста. А сколько стоит билет?
– Сто семьдесят рублей. Значит, с вас шестьсот восемьдесят рублей.
– К сожалению, у меня при себе нет денег. Я сейчас схожу в номер.
– Пожалуйста.

1 What kind of tickets does the guest want?
2 How many tickets?
3 How much does a ticket cost?
4 Why must he return to his room?

В – Скажите, пожалуйста, в котором часу начинается опера «Борис Годунов»?
– В четверть восьмого.
– А сколько сейчас времени?
– Без четверти шесть.
– Спасибо.
– Пожалуйста.

1 What kind of entertainment is being discussed?
2 When does it start?
3 What time was the guest at the information office?

Задание 28

You have arranged to go out with your Russian friend to the circus, meeting at 7 p.m. for a 7.30 start. Unfortunately you have made a mistake and the show does not start until 8.30.

Write him/her a short note changing the times and stating a place to meet.

Задание 29

Role plays. Work with your partner.

A
1. Ask for a single room.
2. Say for two days.
3. Give your name. Say thank you.

B
1. Reply that you have a single room. Ask for how long.
2. Ask for the name.
3. Say thank you and goodbye.

A
1. Complain that there is no soap.
2. Give your room – 120.
3. Ask where you can buy beer or lemonade.
4. Ask on which floor the snack bar is.

B
1. Apologise and ask for the room number.
2. Ask if you can help.
3. Reply in the snack bar.
4. On the 4th floor.

A
1. Ask for the key.
2. Say number 345.
3. Complain that the shower is not working.
4. Find out what time the evening meal finishes.
5. Ask if he/she can get you tickets for the opera this evening.
6. Ask for three tickets.
7. Say thank you and pay.

B
1. Ask for the room number.
2. Thank you. Offer the key.
3. Apologise.
4. At 10.30.
5. Reply: of course.
6. Reply that they cost 175 roubles each.

Задание 30

Imagine you have been asked to tell your Russian class about your worst holiday experience.

Mention where you went, what went wrong (journey there? hotel? food? illness? injury? trips out?) and why.

Задание 31

You have just visited Russia for the first time. Write an account in Russian of your trip for the class letter you are sending to your Russian exchange school.

Mention the following:

How long you spent there
How you travelled
Where you stayed and what you thought of it
Where the hotel/flat was situated
What you had to eat and drink and your opinion of Russian food
What you saw of interest
Places you visited
What the weather was like

Городской транспорт

Самый распространённый вид транспорта в России – это автобус. Автобусные линии перекрещивают почти все города страны и тянутся к окружающим селам. В более крупных городах встречаются и троллейбусы, и трамваи.

Москву и Санкт-Петербург обслуживает множество троллейбусов и трамваев. Но в этих городах самый лучший и удобный вид городского транспорта – это метро, которое быстрее и бесперебойно перевозит целые потоки людей. Метро-станции Московского метро можно назвать подземными дворцами. Каждая из них отличается своеобразием архитектуры. Многие станции метро украшены мрамором, мозаикой и люстрами.

Если вы куда-нибудь опаздываете, возьмите такси. Вы быстро и без опоздания приедете в нужное место. В городе много такси. Такси легко можно узнать по узкой шахматной полоске вдоль кузова и по зелёному фонарику за передним стеклом. Если фонарик горит – машина свободна.

What have you learned?/Чему вы научились?

In this unit you have learned the following:

How to change money:

Я хочу Я хотел бы Можно	обменять	валюту деньги доллары?	I want I would like Is it possible	to change	currency money dollars?
Какой валютный курс? Какой курс валюты?			What is the rate of exchange?		
Какой курс за английский фунт? Какой курс за евро?			What is the rate for an English pound? What is the rate for a Euro?		

How to ask if a taxi or a hotel room is free:

Вы свободны? Такси свободно?	Are you free? Is the taxi free?
У вас есть свободный номер? У вас есть свободные номера?	Do you have a vacant room? Do you have any vacant rooms?

How to book a room on a particular floor with a particular facility:

Дайте, пожалуйста, номер	на первом этаже на втором этаже на третьем этаже	с ванной с душем с балконом с телефоном
Please give me a room/ I'd like a room, please	on the 1st floor on the 2nd floor on the 3rd floor	with a bath with a shower with a balcony with a telephone

How to ask for information at the hotel enquiry office:

В котором часу	начинается кончается	завтрак/обед/ужин? концерт/пьеса/фильм?
At what time (does)	breakfast/dinner/supper the concert/the play/the film	start? finish?

Remember the words!/Запомните слова!

Nouns

администра́тор	manager
биле́т	ticket
большинство́	majority
блю́до	dish
бюро́	office
валю́та	currency
вертолёт	helicopter
вы́веска	sign, signboard
гардеро́б	cloakroom
глади́льная	ironing room
головоло́мка	puzzle
го́рничная	chambermaid
де́ло	matter, business, affair
диплома́т	attaché case
зда́ние	building
ключ	key
кран	tap
купю́ра	banknote
ла́йнер	airliner
мы́ло	soap
но́мер	number, hotel room
обме́н	exchange
обслу́живание	service
о́бувь	footwear
отправле́ние	departure
отры́вок	extract
парикма́херская	hairdresser's
пассажи́р	passenger
площа́дка	area of ground
по́вар	cook
пограни́чник	frontier guard
подро́бности	details
пое́здка	trip
полёт	flight
(взлётная) полоса́	runway
полоте́нце	towel
портфе́ль	briefcase
поса́дка	landing
предъявле́ние	showing
преиму́щество	advantage
прибы́тие	arrival
прове́рка	check
расписа́ние	timetable
родны́е	relatives
столи́ца	capital
стюарде́сса	air hostess
су́мка	bag
тамо́женник	customs officer
тамо́жня	customs
убо́рка	clearing away, tidying up
убо́рщица	cleaner
указа́тель	indicator
фо́рма	uniform
экипа́ж	crew

Verbs

вы́делить	to allocate
глади́ть/погладить	to iron
добра́ться до	to get to
жа́ловаться	to complain
закуси́ть	to have a snack
запо́лнить	to fill in (form)
обменя́ть	to change
обраща́ться / обрати́ться	to turn to
подстри́чься	to have a haircut
подтверди́ть	to confirm
прибы́ть	to arrive
приве́тствовать	to welcome
прожива́ть/прожи́ть	to stay
пропуска́ть	to let pass
проходи́ть	to pass
раздава́ть/разда́ть	to give out
расшифрова́ть	to decode
спра́виться о	to enquire about

Adjectives

горя́чий	hot
дешёвый	cheap
дорого́й	expensive
доро́же	more expensive
за́нят(а́/о/ы)	occupied
зарубе́жный	foreign
междунаро́дный	international
рассе́янный	absent-minded
свобо́дный	free
совреме́нный	modern
удо́бный	comfortable

Adverbs

благополу́чно	safely
быстре́е	quicker
бы́стро	quickly
ме́дленно	slowly

Phrases

всё в поря́дке	everything is in order
ма́ло	few
мно́го	many, a lot
на борту́	on board
валю́тный курс	rate of exchange
пункт отправле́ния	point of departure
зайти́ кой-куда́	to 'spend a penny'
ка́мера хране́ния	left luggage office
самолёт ре́йсом	flight (number)
шу́мно	it is noisy

УРОК 7 Покупки

Одежда

Задание 1

Прослушайте запись. Как по-русски…?

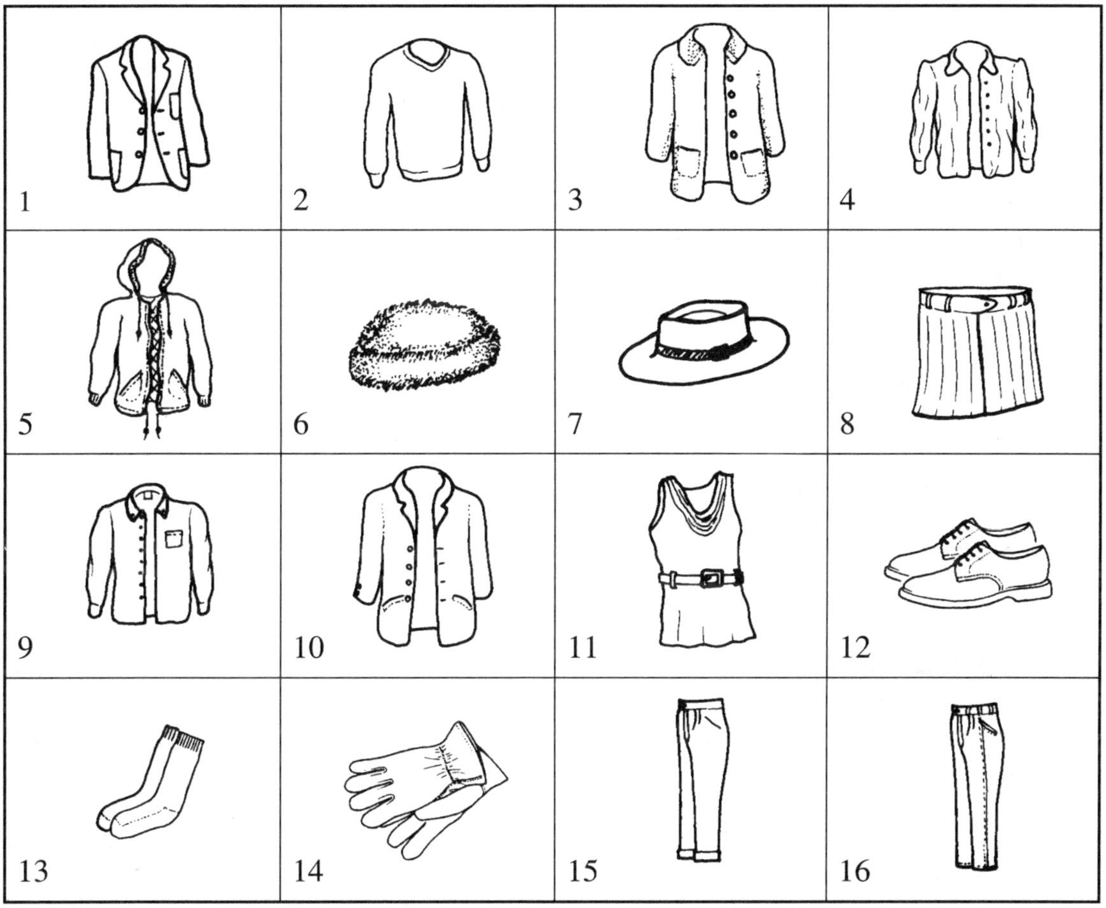

Можно примерить?

Задание 2

Прослушайте запись. Шесть человек хотят примерить одежду. Кто что говорит?
Например: 1 = е.

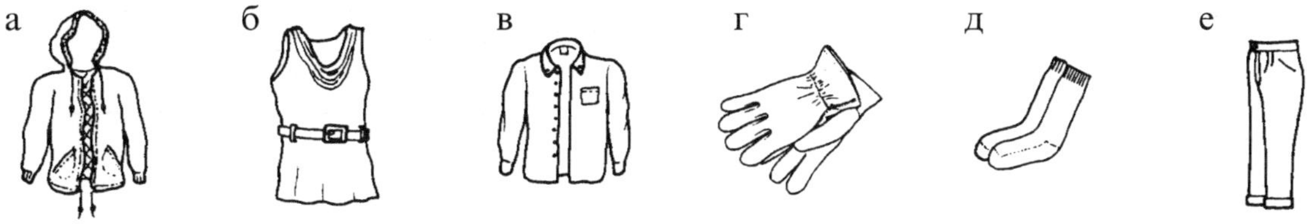

Задание 3

Работа в парах.

Например: А: Можно примерить пиджак?
Б: Пожалуйста.

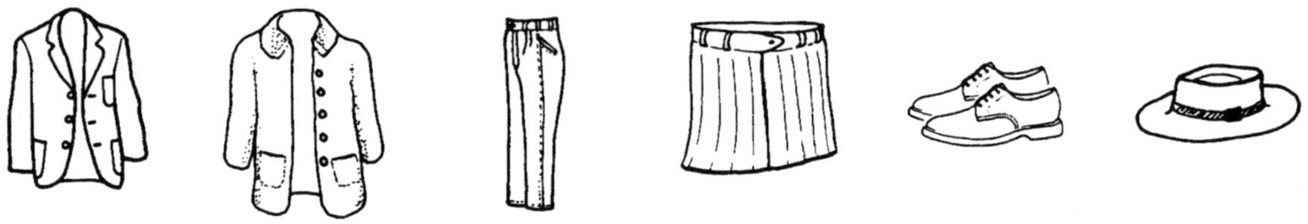

Проверка А

See Grammar Sheet 21.

Эти люди хотят примерить одежду. Что они говорят?
Например: Можно примерить туфли?

1 An overcoat
2 A pair of jeans
3 A shirt
4 A hat
5 A pair of trousers
6 A fur coat
7 A dress
8 A jumper
9 A fur hat
10 A jacket

Задание 4

What do they buy? Listen to the tape and copy and complete the table using the words from the box below.

Beware! Not all the words are necessary.

Example: 1 рубашку

шапку	юбку	пальто	туфли
рубашку	шляпу	куртку	платье
джемпер	брюки	пиджак	

	Что они покупают?
1	
2	
3	
4	
5	
6	
7	
8	

Кто покупает что?

Задание 5

Иван, Нина, Таня, Саша и Валя делают покупки.

Прослушайте запись. Выберите правильный ответ.

Кто покупает?

Иван	Нина	Таня	Саша	Валя

Пример: 1 Иван

1

2

3
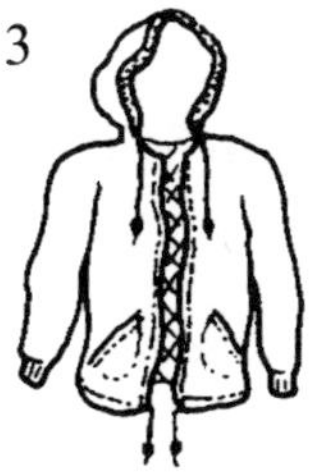

4

5

6

7

8

Задание 6

You have gone into a department store to buy some clothes. Here are the answers to your questions. Can you remember the questions?

1 Шапки продают на втором этаже.
2 Брюки стоят триста сорок рублей.
3 Я хочу купить синюю юбку, пожалуйста.
4 Да, мне очень нравится это платье.
5 Платите в кассу.
6 Нет, я предпочитаю чёрные перчатки.

Задание 7

Прочитайте диалог с партнёром.

А: Здравствуйте.

Б: Здравствуйте.

А: Слушаю вас.

Б: У вас есть голубые куртки?

А: Есть.

Б: Можно примерить?

А: Конечно.

Б: Сколько стоит голубая куртка?

А: 345 рублей.

Б: Хорошо. Я возьму её.

Задание 8

Прослушайте запись и заполните таблицу в тетради.

	Одежда	Цвет	Цена
1			
2			
3			
4			
5			

Это слишком…

Задание 9

Что говорят эти люди?
Например: Этот пиджак мал.

а

б

в

г

д

е

ж

з

Прослушайте запись. Что говорят эти люди об одежде? Напишите в тетради список 1–8.

Например: Этот джемпер велик.
Этот джемпер слишком дорогой.

Masc.	Этот…	велик	мал	
Fem.	Эта…	велика	мала	
Neut.	Это…	велико	мало	
Pl.	Эти…	велики	малы	
Masc.	Этот…	слишком	дорогой	дешёвый
Fem.	Эта…	слишком	дорогая	дешёвая
Neut.	Это…	слишком	дорогое	дешёвое
Pl.	Эти…	слишком	дорогие	дешёвые

Задание 10

Прослушайте запись и посмотрите ещё раз на картинки (Задание 9). Напишите, кто говорит.

Например: 1 = ж

Задание 11

Вы с партнёром играете роли людей на рисунках (Задание 9). Что говорят эти люди?

У вас есть что-нибудь…?

Например: Эта юбка мне мала.
У вас есть что-нибудь побольше?

побольше	a bit larger
поменьше	a bit smaller
подороже	a bit dearer
подешевле	a bit cheaper

Задание 12

Вы в магазине «Одежда». Посмотрите на картинки и составьте диалоги.

Например: Этот джемпер слишком дорогой. У вас есть что-нибудь подешевле?

Проверка Б

See Grammar Sheet 22.

Напишите по-русски. Эти люди хотят купить что-нибудь побольше, поменьше, подороже или подешевле.

Например: Hat, too small. Anything bigger?
Эта шляпа мала. У вас есть что-нибудь побольше?

1 Fur hat too big. Anything a bit smaller?
2 Jeans, too small. Anything a bit bigger?
3 Socks, too expensive. Anything a bit cheaper?
4 Jumper, too cheap! Anything a bit more expensive?
5 Skirt, too expensive. Anything a bit cheaper?
6 Coat, too small. Anything a bit bigger?
7 Shoes, too cheap! Anything a bit more expensive?
8 Shirt, too small. Anything a bit bigger?

Мне нужен

Задание 13

Listen to the tape. Read the dialogue with your partner and then make up your own conversation, replacing the words underlined with other suitable words.

А: Здравствуйте.

Б: Здравствуйте.

А: Слушаю вас.

Б: У вас есть серые шапки?

А: Есть.

Б: Можно примерить?

А: Конечно можно.

Б: Вот очень красивая шапка. Можно примерить?

А: Пожалуйста.

Б: Эта шапка мне мала. У вас есть что-нибудь побольше?

А: Конечно. Эта шапка побольше.

Б: Сколько она стоит?

А: 800 рублей.

Б: Ой ! Эта шапка слишком дорогая. У вас есть что-нибудь подешевле?

А: Эта шапка подешевле.

Б: Она как раз мне подходит! Сколько стоит?

А: 430 рублей.

Б: Хорошо. Я возьму её.

Проверка В

See Grammar Sheet 17.

Напишите эти предложения на русском языке.

1. She needs a new jumper.
2. We need some new black shoes.
3. I need a new blue dress.
4. Do you need a new winter coat?
5. He needs a hat.
6. They need some trousers!
7. I need a green coat.

📖 Задание 14

Лиза получила это письмо.

1. Прочитайте его и узнайте, что пишет русская подруга. Запишите факты.
2. Напишите ответ!

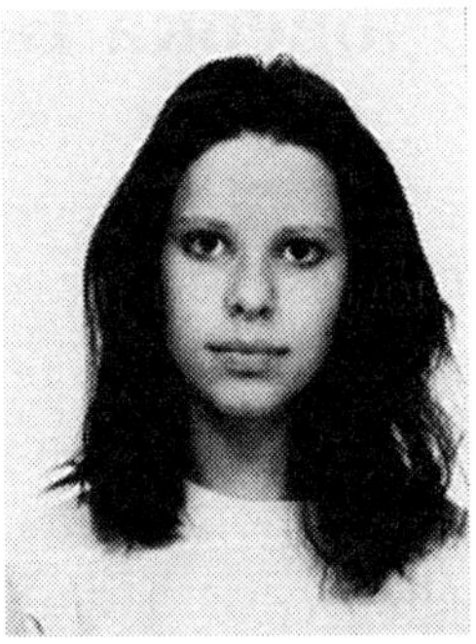

г. Санкт-Петербург
17 декабря

Дорогая Лиза,

Спасибо тебе большое за письмо, которое я получила два дня назад. Скоро будет Рождество, и мы с подругами решили сходить в магазины на Невском проспекте, чтобы купить подарки.

Я уже спросила старшего брата, что он хочет в подарок. Он ответил, что ему нужна новая синяя рубашка. Итак, ровно в девять часов я встретилась с подругами, и мы поехали в центр города на троллейбусе.

Какой ужасный день! В первом мужском магазине рубашек не было. Во втором не было синих, а в третьем были, но маленького размера. Потом Оля сказала, что, может быть, синие рубашки есть в продаже в новом универмаге в пригороде. Мы спорили, потому что этот универмаг находится на юге, и туда надо ехать на троллейбусе. Мы все устали, и уже был час дня.

Сорок минут спустя мы приехали в универмаг. Оля увидела синие рубашки в отделе „Мужская одежда". Я спросила у продавца: „У вас есть большая синяя рубашка?" Он ответил, что да. Ура! Я быстро купила рубашку, потом мы поели в буфете универмага.

Я приехала домой полчетвёртого. Мама сказала, что рубашка хорошая. Я надеюсь, что брату она понравится!

Жду ответа,

Мария

Двойной гамбургер, пожалуйста

Задание 15

Прочитайте меню и скажите, из чего состоит каждое блюдо.

«Биг Мак» ™
2 рубленых бифштекса из натуральной цельной говядины, нарезанные листики салата латука, ломтик сыра, кусочки маринованного огурца, лук, сложенные в разрезанную булочку, посыпанную семечками кунжута

«Филе-о-фиш» ™
душистое рассыпчатое белое филе Атлантической трески в панировочных сухарях

Двойной чизбургер
2 рубленых бифштекса из натуральной цельной говядины с 2-мя ломтиками сыра

Чизбургер
рубленый бифштекс из натуральной цельной говядины с ломтиком сыра

Молочные коктейли
густые и сытные, с щедрой добавкой шоколадного, клубничного и ванильного сиропа

Картофель-фри
золотистые, подрумяненные картофельные палочки с хрустящей корочкой, расфасованные в маленькие кулёчки и коробочки побольше на стандартные и большие порции

Прохладительные напитки
«Кока-кола», «Кока-кола лайт», «Спрайт» и «Фанта» в больших или стандартных стаканчиках

Двойной гамбургер
2 рубленых бифштекса из натуральной цельной говядины

Биг Мак – 65 руб.

Двойной чизбургер – 56 руб.

Двойной гамбургер – 48 руб.

Чизбургер – 40 руб.

Гамбургер – 27 руб.

Молочные коктейли – 32 руб.

В ресторане

Задание 16

You have gone to a restaurant while on holiday in Moscow with your family. No one but you speaks Russian and your family have some awkward dietary requirements. Your mother is a vegetarian and does not eat any fish or meat; your father does not like fish; your sister is allergic to milk, butter and eggs and your older brother does not like onions or beef. Your parents will not allow you to drink alcohol. What do you order? How many roubles will each person's meal cost?

МЕНЮ

ЗАКУСКИ

Салат из помидоров	62р	Столичный салат	122р
Салат мясной	110р	Салат из лука с яйцом	43р
Ассорти рыбное	129р	Салат из огурцов	35р

ПЕРВЫЕ БЛЮДА/СУПЫ

Овощной суп	47р	Борщ	56р
Суп с грибами	52р	Бульон	49р
Щи	51р		

ВТОРЫЕ БЛЮДА

Котлеты по-киевски	190р	Курица с рисом	157р
Шашлык	194р	Антрекот с яйцом	182р
Яичница с ветчиной	120р	Бефстроганов	188р
Бифштекс натуральный	225р	Омлет с грибами	93р

СЛАДКИЕ БЛЮДА

Компот	53р	Мороженое	55р
Желе	48р	Шоколадные конфеты	108р

НАПИТКИ

Лимонад	36р	Водка	49р
Апельсиновый сок	39р	Коньяк	55р
Минеральная вода	22р	Пиво	43р
Красное/Белое вино	135р	Чай	24р
Шампанское	340р	Кофе	30р

ВНИМАНИЕ!

На закуску На первое На второе На сладкое	Я возьму…
Пить что будете?	

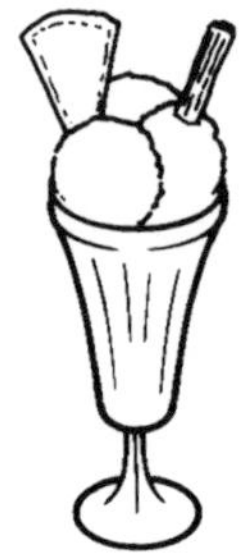

Что вы хотели бы заказать?

Задание 17

Listen to the tape and then read the dialogue. You and your partner play the roles of the waiter and the customer.

Официант: Что вы хотели бы заказать?

Клиент: На закуску я возьму салат из помидоров.

Официант: А на первое?

Клиент: На первое щи. Потом на второе бефстроганов.

Официант: Вы хотите что-нибудь на сладкое?

Клиент: Принесите мне, пожалуйста, компот.

Официант: А пить что будете?

Клиент: Принесите, пожалуйста, бутылку красного вина.

Задание 18

Pair work. Read the orders and then play the roles of waiter and customer with your partner.

А

Салат из помидоров
Щи
Шашлык
Мороженое
Бутылка красного вина

Б

Сардины
Овощной суп
Котлеты по-киевски
Компот
Бутылка водки

В

Салат мясной
Суп с грибами
Бефстроганов
Желе
Бутылка минеральной воды

Г

Салат из огурцов
Борщ
Бифштекс
Кусок торта
Бутылка шампанского
Кофе

Проверка Г

See Grammar Sheet 23.

Напишите по-русски. Что вы возьмёте?

Например: Tomato salad for starters.
На закуску я возьму салат из помидоров.

1 Jelly for dessert.
2 Ham and eggs for main course.
3 Beetroot soup for first course.
4 Onion and egg salad for starters.
5 Beef Stroganov for main course.
6 Ice cream for dessert.
7 Mushroom soup for first course.
8 Meat salad for starters.

Задание 19

Прослушайте диалоги и запишите, что выбрали клиенты. Перепишите таблицу в тетрадь и заполните таблицу. Здесь четыре разговора.

	На закуску	На первое	На второе	На сладкое	Напитки
1					
2					

У меня нет ножа!

Задание 20

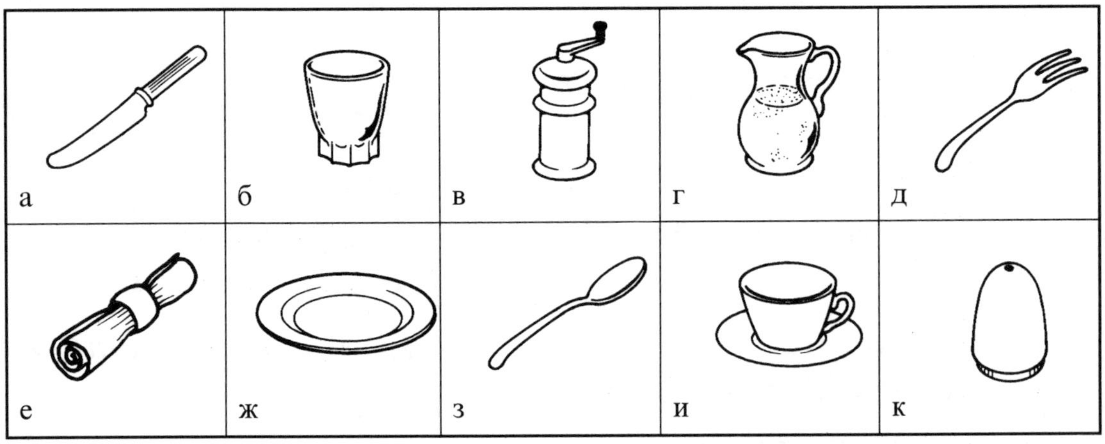

Прослушайте запись. Эти люди говорят, что у них нет ножа, стакана и т.д. Чего у них нет? Запишите список 1–10 в тетрадь.

1 У меня нет ________________ . Принесите, пожалуйста, ________________ .
(и так далее).

Задание 21

Прослушайте ещё раз запись. Эти люди всё ещё не довольны!
Соедините номера предложений с буквами картинок (Задание 20).
Например: 1 = в

 У МЕНЯ НЕТ НОЖА	У меня нет	ножа стакана перца
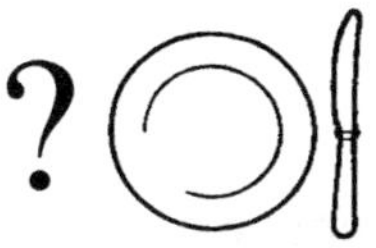 У МЕНЯ НЕТ ВИЛКИ		ложки вилки тарелки
		соли

Задание 22

Скажите, какие ошибки делает официант?
Например: 1 У меня нет ножа.

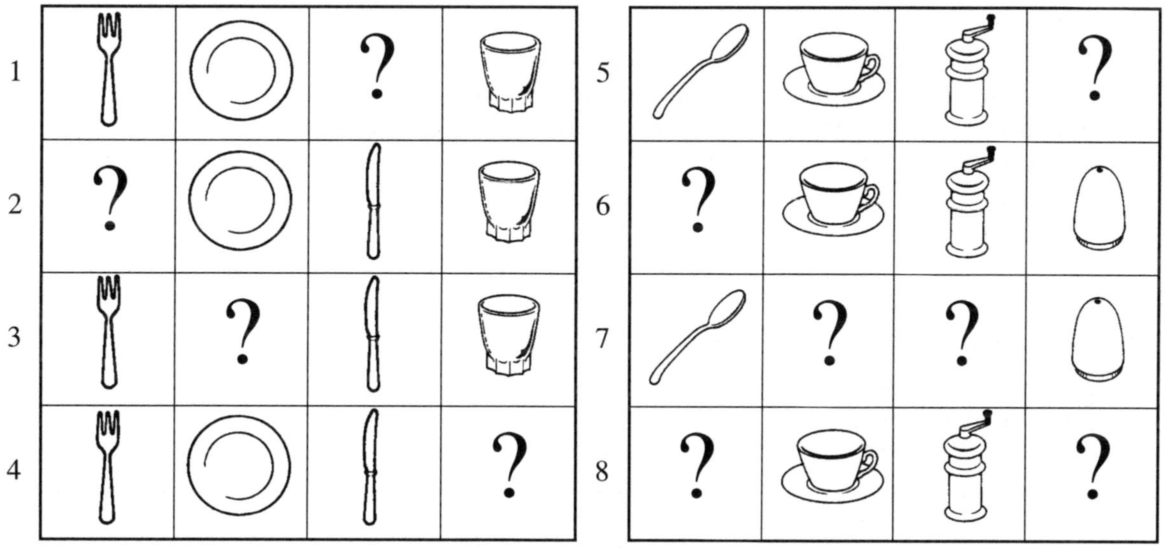

У вас есть свободный столик?

Задание 23

Listen to the tape and/or read the conversation. You and your partner will play the roles of waiter and customer.

Now read the conversation again, replacing the underlined words and phrases.

Клиент: У вас есть свободный стол на двоих?
Официантка: Да, вон там в углу свободный стол. Садитесь.
Клиент: Принесите, пожалуйста, меню.
(несколько минут спустя)
Официантка: Вы выбрали?
Клиент: Да, на закуску я возьму салат из огурцов, на первое суп с грибами, на второе – курицу с рисом и для жены то же самое.
Официантка: А пить что будете?
Клиент: Какое белое вино вы посоветуете?
Официантка: Рекомендую отличное сухое вино Цинандали.
Клиент: У меня нет салфетки. Принесите, пожалуйста, салфетку.
Официантка: Конечно.
(через час)
Клиент: Спасибо, было очень вкусно.
Официантка: Вы хотите что-нибудь на сладкое?
Клиент: Я возьму мороженое, а для жены компот, пожалуйста.
Официантка: А кофе будете?
Клиент: Да, два кофе и счёт, пожалуйста.
Официантка: Вот счёт.

место для одного	в углу у окна
стол/ик на двоих стол/ик на троих стол/ик на четверых	

Проверка Д

Напишите. У вас есть свободный столик?

Например: Have you a table for two in the corner?
У вас есть свободный столик на двоих в углу?

1. Do you have a table for three in a corner?
2. Have you a table for one by the window?
3. Have you a table for four by the window?
4. Do you have a table for two in the middle?
5. Do you have a table for four near the orchestra?

Задание 24

В ресторане. Прослушайте запись. Что они хотят? Перепишите таблицу и запишите правильные буквы.

	Иван	Катя	Ирина
пример	а		
× 6			

а

б

в

г

д

е

Задание 25

Play the roles of waiter and customer with your partner, using the information you have gathered from the previous exercise.

Задание 26

Борис написал письмо Джеймсу. Прочитайте его.

г. Новгород
21-ое марта

Здравствуй Джеймс!

Спасибо за твоё письмо и поздравительную открытку. Я получил их четырнадцатого (то есть, в день рождения). Мои друзья пригласили меня в новый ресторан, который недавно открыли на окраине города.

Это была идея моего лучшего друга. Он заранее заказал столик на четверых. Мы отправились из центра города в полвосьмого. Мы ехали туда на троллейбусе. Мы приехали в ресторан без четверти восемь.

Нас встретила очень красивая официантка. Она подвела нас к столику, который был в середине зала. Я удивился тому, что в меню был такой большой выбор блюд.

Я заказал на закуску икру и на второе – котлеты по-киевски. Мы выпили бутылку белого вина. Представляешь, как было весело! В ресторане выступал хороший оркестр и мы весь вечер танцевали. В одиннадцать часов, пора было ехать домой. Я попрощался с друзьями и поехал домой на такси.

На следующий день у меня ужасно болела голова! Ну, кажется всё. Пиши. Жду скорого ответа.

Борис

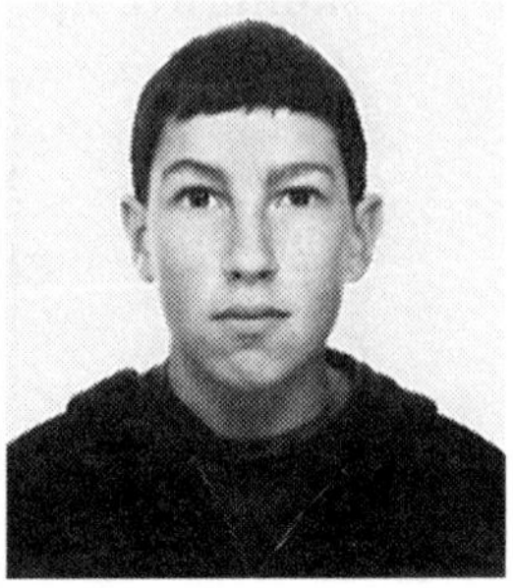

Выбери правильные слова. Внимание – не все слова нужны.

икру	новом ресторане		на такси	красивый	хорошо
14-ого марта	домой	троллейбусом		красивая	котлеты
мало	в 7.45	заболел	в 8.45	танцевали	много

У Бориса день рождения (1)_______ ______ . Он праздновал в (2)_______ ______ с друзьями. Они ехали в ресторан (3)_______ и приехали (4)_______ ______. Официантка (5)______. В меню было (6)_______ блюд. Борис сьел (7)_______ и (8)_______. Оркестр (9)_______ играл и друзья (10)_______. Они поехали (11)_______ в 11 часов. На следующий день Борис (12)_______.

Задание 27

Напишите ответ!

Задание 28

Будьте здоровы!

Read the following text and answer the questions which follow in English.

Молодые люди говорят о здоровье.

Владимир: Я думаю, что нам надо есть много фруктов и овощей. Мясо не очень здоровое.

Ира: Я не согласна. Лучше есть и мясо и фрукты, но нельзя есть слишком много шоколада или чипсы.

Серёжа: Я очень люблю чипсы и гамбургеры. Я не могу жить без чипсов! По-моему быть здоровым надо заниматься спортом и никогда не пить алкоголь.

Виктор: Я согласен. Я занимаюсь каждый день гимнастикой. Но тоже важно не курить. Мне кажется, что курение очень опасное дело. И глупое.

Маша: Да, ты прав. Я ехала вчера на поезде. Много людей курили. Очень вредная привычка. Курильщики всегда кашляют и иногда страдают от серёзных болезней таких как рак.

Нина: Я люблю свежий воздух и спорт. Вот – я жива и здорова! Я вегетарианка – не курю, не ем мясо, занимаюсь спортом. Вот и всё!

1. What does Vladimir think a healthy diet should include?
2. Why does Ira disagree?
3. What does she think should not be included in a healthy diet?
4. What is Seryozha's idea of a healthy life-style?
5. According to Victor, what activity is unhealthy and stupid?
6. What does Masha think could be a consequence of smoking?
7. What *three* things does Nina think are essential for health?

Задание 29

Using the reading text to help you, work with a partner and discuss what you think is important for a healthy life-style. Try to include the following phrases to express your opinion:

я думаю	I think
я (не) согласен (согласна)	I do/do not agree
по-моему	in my opinion
мне кажется	it seems to me

Задание 30

You have just read an article in a Russian magazine which says that pupils in a school in England are allowed to smoke at school.

Напишите письмо редактору об этом по-русски.
Что вы думаете об этом?
Вы согласны или нет?

Новые и старые

Сейчас в Москве и других городах России можно делать покупки и покушать не только в старых но и в новых универмагах и ресторанах. Уже давно в Москве открылись рестораны западных фирм: например Пицца Хат и Макдоналдс. Но всё-таки приятно было гулять по старому ГУМу. Здесь, на двух этажах, можно было посмотреть в витрины маленьких магазинчиков, где продавались подарки, сувениры, часы, одежда, ткани и другие изделия и товары.

What have you learned?/Чему вы научились?

In this unit you have learned the following:

How to ask if you can try clothes on in a shop:

Можно примерить куртку?

How to say if something is too large/small/expensive:

Этот пиджак (слишком)… велик/мал/дорогой и т.д.

How to ask if you can have clothing which is a bit larger/smaller/dearer/cheaper:

У вас есть что-нибудь… побольше/поменьше/подороже/ подешевле?

How to order different courses in a restaurant:

На закуску На первое На второе На сладкое	я возьму…

How to ask for missing items of crockery/cutlery:

У меня нет ножа/тарелки Принесите, пожалуйста, нож/тарелку.

How to ask for a table:

У вас есть свободный стол/ик… на двоих/в углу?

Remember the words!/Запомните слова!

Nouns

алкого́ль	alcohol
блу́зка	blouse
боле́знь	illness
брю́ки	trousers
вегетариа́нец/вегетариа́нка	vegetarian
ветчина́	ham
ви́лка	fork
вино́	wine
вода́	water
гриб	mushroom
дже́мпер	jumper
джи́нсы	jeans
здоро́вье	health
икра́	caviar
куре́ние	smoking
ку́рица	chicken
ку́ртка	anorak
ло́жка	spoon
лук	onion
мя́со	meat
нож	knife
носки́	socks
о́вощи	vegetables
огуре́ц	cucumber
омле́т	omelette
пальто́	coat
пе́рец	pepper
перча́тки	gloves
пи́во	beer
пиджа́к	jacket
пла́тье	dress
помидо́р	tomato
по́рция	portion
привы́чка	habit
рак	cancer
реда́ктор	editor
руба́шка	shirt
сала́т	salad
салфе́тка	serviette
сок	juice
соль (f)	salt
стака́н	glass
таре́лка	plate
ту́фли	shoes
фру́кты	fruit
ча́шка	cup
ша́пка	fur hat
шля́па	hat
шу́ба	winter coat
щи	cabbage soup
ю́бка	skirt
яи́чница	fried eggs
яйцо́	egg

Verbs

зака́зывать/заказа́ть	to order
ка́шлять	to cough
приме́рить	to try on
реши́ть (perf.)	to decide
сове́товать	to advise
рекомендова́ть	to recommend
страда́ть от	to suffer from

Adjectives

апельси́новый	orange
вре́дный	harmful
минера́льный	mineral
натура́льный	natural
овощно́й	vegetable
ры́бный	fish
сухо́й	dry
шокола́дный	chocolate
я́блочный	apple

Phrases/expressions

я возьму́	I'll have
мы возьмём	we'll have
вку́сно	it is tasty
мне ка́жется	it seems to me
на заку́ску	for starters
на пе́рвое	for the soup course
на второ́е	for the main course
на сла́дкое	for dessert
на одного́	for one person
на двои́х	for two people
на трои́х	for three people
на четверы́х	for four people
Он как раз мне подхо́дит	It suits me perfectly
по-мо́ему	in my opinion
принеси́те мне	bring me
Пить что бу́дете?	What will you have to drink?
Вы посове́туете …?	Do you recommend …?
свобо́дный сто́лик	a free table
свобо́дное ме́сто	a free place
согла́сен/на/ы	agreed
в углу́	in a corner
у окна́	by the window
Слу́шаю вас	Can I help you?
Что вы бу́дете зака́зывать?	What will you have?
это (сли́шком) ...	it's too…
велико́	big
мало́	small
до́рого	expensive
У вас есть что́-нибудь	Have you anything …?
побо́льше	a bit bigger
поме́ньше	a bit smaller
подоро́же	a bit dearer
подешёвле	a bit cheaper

УРОК 8 Ваша школа

Школы в России

Типичная школа у нас в России

Задание 1

Соедините:

1	Тебе пять лет.
2	Все учатся здесь, с шести до семнадцати лет.
3	Здесь учатся все школьники и школьницы города с одиннадцати лет.
4	Надо платить, чтобы учиться здесь.
5	Надо сдать экзамен, чтобы учиться здесь.
6	Здесь учатся и мальчики и девочки.

а	Это английская обще-образовательная школа.
б	Это гимназия.
в	Это русская средняя школа.
г	Это смешанная школа.
д	Это школа для младших детей.
е	Это частная школа.

Школы в Англии и в России

Возраст: (лет)	5	6	7	8	9	10	11	12	13	14	15	16	17	18
Школы в Англии:	начальная школа						средняя школа (общеобразовательная/частная/и т.д.)							
Год:	1	2	3	4	5	6	7	8	9	10	11	12	13	
Школы в России:	детский сад		начальная школа			средняя школа: среднее звено					старшие классы			
Год: или	детский сад		1ый	2ой	3ий	я́5ый	6ой	7ой	8ой	9ый	10ый	11ый		
Год: или	дет. сад	0ой	1ый	2ой	3ий	4ый	5ый	6ой	7ой	8ой	9ый	10ый		

Здесь они могут поступить в профтехучилище или техникум… ↗

я́ 4ый класс здесь отсутсвует

Задание 2

Перепишите таблицу и прослушайте запись. Семь студентов вам расскажут о своей школе. Заполните таблицу по-английски.

Русский студент	Английский студент	Где он/она живёт?	Какой это город?	Где школа?	Какая это школа?	Почему он/она там учится?	Другие сведения
Например:							
Boris	Michael	Bristol	Large industrial	South of town	Boarding school	Parents abroad	Doesn't like it
× 7							

Задание 3

Pair work. Make up a conversation with your partner based on the conversation below. Imagine your Russian friend is asking you about your school. Replace the underlined words with alternatives.

– Скажи, где ты учишься? В школе какого типа?
– Я учусь в <u>общеобразовательной школе</u>.
– И ваша школа – школа для девочек?
– Нет, <u>смешанная</u>.
– Это частная школа?
– Нет, не частная школа, а <u>государственная</u>.
– У вас учатся с шести до семнадцати лет?
– Нет, с <u>одиннадцати</u> до <u>восемнадцати</u>.

Проверка А

See Grammar Table B.

Как говорят по-русски?

1 From 7 to 17 years
2 From 11 to 18 years
3 From 5 to 16 years
4 From 16 to 18 years
5 From 5 to 18 years
6 From 6 to 16 years

Сколько учеников у вас в школе?

Твоя школа какая? Большая, маленькая? У вас в школе много учеников и учениц или мало? В типичной русской средней школе примерно пятьсот учеников и учениц. А у вас? В Англии общеобразовательные школы часто довольно большие, не правда ли? Часто в них учатся тысяча или больше учеников. Как ты думаешь, что лучше, маленькая школа или большая?

Задание 4

Прослушайте запись и напишите, сколько в школе человек?
Запишите список 1–10.

100? 200? 300? 400? 500? 600? 700? 800? 900? 1,000? 1,100? 1,200? 1,300?

Задание 5

Соедините:

1	У нас учится триста учеников.	а	100
2	У нас учится четыреста девочек.	б	200
3	У нас в школе только сто учеников. Очень маленькая школа!	в	300
4	В моей школе учатся двести учеников и учениц.	г	400
5	В нашей школе шестьсот учеников.	д	500
6	У нас в школе пятьсот мальчиков и девочек.	е	600
7	В нашей школе тысяча учеников я́ это большая школа.	ж	700
8	Наша школа я́ большая средняя школа. У нас девятьсот учеников.	з	800
9	У нас в школе восемьсот учеников и учениц.	и	900
10	Наша школа не очень большая я́ у нас семьсот учеников.	к	1,000

Задание 6

Арифметика! Как хорошо вы разбираетесь в арифметике?
Спросите вашего партнёра. Например: два плюс два – четыре!

1 200 + 300 =
2 400 + 200 =
3 100 + 600 =
4 700 + 500 =
5 150 + 200 =
6 250 + 300 =
7 300 + 700 =
8 450 + 400 =
9 900 + 200 =
10 1000 + 500 =

Сколько?

Задание 7

Спросите вашего партнёра. Сколько учеников учится в этих школах?

500 Школа Наташи	650 Школа Юлии	700 Школа Ивана	600 Школа Ольги	550 Школа Петра	850 Школа Степана	750 Школа Саши	450 Школа Валентины	400 Школа Бориса	800 Школа Елены

Например: Сколько учеников учится в школе Наташи? – Пятьсот.

Проверка Б

See Grammar Sheet 11.

Как говорят по-русски?

1 500 boys
2 600 girls
3 100 pupils (boys)
4 300 pupils (girls)
5 200 girls
6 700 pupils (girls)
7 400 pupils (boys)
8 900 boys
9 800 girls
10 200 pupils (girls)

Какой предмет ты любишь? Почему?

Задание 8

Посмотрите на рисунки и прочитайте.

Соедините в тетради:

скучный		очень, очень хороший
увлекательный		очень трудный
сложный		очень интересный
ужасный	= ? =	очень помогает вам
полезный		никак не помогает вам
бесполезный		очень плохой
великолепный		неинтересный

Задание 9

Прослушайте, что думают эти ученики о математике.

Запишите по-английски, что они говорят. Здесь десять разговоров.

Задание 10

Pair work. Read the conversations and then make up your own. Replace the underlined words with alternatives.

1 А: Ты любишь <u>французский язык</u>?
Б: Да, очень люблю.
А: Почему?
Б: Потому что это <u>увлекательный</u> предмет.

2 А: Ты любишь <u>химию</u>?
Б: Нет, не люблю.
А: Почему?
Б: Потому что это <u>сложный</u> предмет.

Что лучше?

Задание 11

Прочитайте и ответьте на вопросы.

Это интересно. А это интереснее!

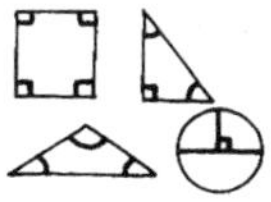

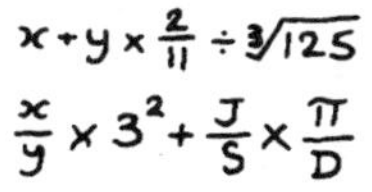

Это сложно. А это сложнее!

Это скучно. А это скучнее!

Это трудно. А это труднее!

Это легко. А это легче!

✓ 7/10 ✓✓ 9/10

Это хорошо. А это лучше!

1 Что скучнее, химия или экономика?
2 Что труднее поднять, сто килограммов или двести?
3 Что интереснее, история или музыка?
4 Что лучше, один гамбургер или два?
5 Что сложнее, геометрия или алгебра?
6 На сколько легче прыгнуть, на один метр или на два?

Задание 12

Работа в парах. Скажите, как вы думаете. Потом составьте с партнёром диалог.
Например: Я люблю французский язык, но я больше люблю русский язык.

французский язык ✔ русский язык ✔✔	математика ✗ биология ✗✗
математика ✔ черчение ✔✔	музыка ✗ рисованис ✗✗
физика ✔ химия ✔✔	физика ✗ математика ✗✗
немецкий язык ✔ французский язык ✔✔	атлетика ✗ гимнастика ✗✗
география ✔ история ✔✔	религия ✗ география ✗✗

Задание 13

Работа в группе. Спросите друг друга, и ответьте, 'правильно/неправильно' или 'я (не) согласен/(не) согласна'.

1 Химия труднее, чем физика.
2 Химия труднее, чем биология.
3 История интереснее, чем география.
4 Математика сложнее, чем физика.
5 Английская литература легче, чем физика.
6 Математика легче для мальчиков.
7 Девочки умнее, чем мальчики.
8 Мальчики умнее, чем девочки.
9 Девочки серьёзнее, чем мальчики.
10 Девочки работают лучше, чем мальчики.

Задание 14

Прослушайте запись и соедините буквы и цифры. Здесь десять разговоров.
Например: Рисование труднее, чем география = 1 д 2.

1 рисование	а полезнее		1 французский язык
2 английский язык	б увлекательнее		2 география
3 химия	в легче		3 рисование
4 география	г скучнее		4 английский язык
5 французский язык	д труднее	чем	5 история
6 английская литература	ж интереснее		6 физика
7 музыка			7 экономика
8 история			8 математика
9 русский язык			9 черчение

Что они думают?

Задание 15

Прослушайте диалоги 1–5. Перепишите таблицу и поставьте галочку.
Какие предметы они предпочитают?

	Валентина	Катя	Ваня	Лена	Петя
география					
математика					
химия					
английская литература					
физика	пример ✓				
история					
биология					

Сейчас прослушайте 6–10. Как они думают? Кто умнее – юноши или девушки?
Перепишите таблицу и поставьте галочку.

	Вера	Владик	Наташа	Таня	Толя
Юноши умнее					
Девушки умнее					
Нет разницы					

Проверка В

See Grammar Sheet 24.

Как говорят по-русски?

1. Russian is more interesting than French.
2. Chemistry is more useful than physics.
3. Maths is more complicated than chemistry
4. Art is easier than music.
5. Geography is better than history.
6. History is more boring than music.

Какой предмет самый трудный?

Задание 16

Этот вид спорта опасный!

Этот вид спорта опаснее!

Этот вид спорта самый опасный!

Этот вид спорта трудный!

Этот вид спорта труднее!

Этот вид спорта самый трудный!

Эти мальчики сильные!

Эти мальчики сильнее!

Этот мальчик – самый сильный в классе!

Какой предмет самый трудный? Прослушайте запись, посмотрите на рисунки и напишите, о каких предметах говорят эти школьники.

1 Таня

2 Оля

3 Валя

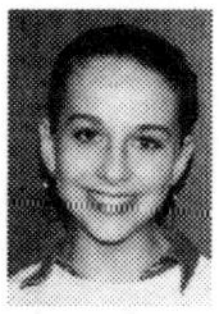

4 Саша 5 Юра 6 Боря

а

б

в

г

$a+b=c$

д

е

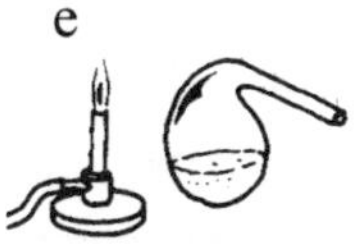

Задание 17

Pair work. Which subject do you think is the most difficult? Make up your own conversations based on the one below and changing the underlined words.

– Аня, как ты думаешь, какой предмет самый трудный?

– Я думаю, что химия – самый трудный предмет.

– А самый лёгкий?

– Самый лёгкий по-моему – английская литература.

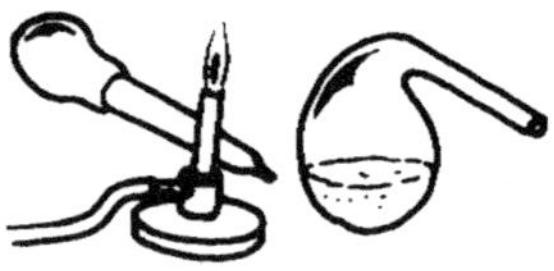

– А какой самый полезный, по-твоему?

– Я считаю, что экономика – самый полезный.

– А самый интересный предмет какой?

– Самый интересный предмет – это история.

Задание 18

Что они думают о своих школьных предметах? Ученики и ученицы обсуждают школьные предметы.

Прослушайте запись. Здесь пять разговоров. Напишите правильные ответы в тетради.

Например:

1 Валя любит ______ (историю/английский язык).
Валя любит **историю**.

1 Валя любит ______ (историю/английский язык). Она думает, что ______ (полезный/интересный) предмет.

2 Павел предпочитает ______ (науку/математику) потому, что ______ (важный/интересный) предмет.

3 Наташа думает, что ______ (математика/экономика) самый трудный предмет. Очень ______ (серёзный/сложный) предмет.

4 Петя не любит ______ (химию/географию) потому, что он думает, что ______ (скучный/сложный) предмет.

5 На взгляд Серёжи, самый ______ (скучный/лёгкий) предмет ______ (русский язык/русская литература) потому, что надо только читать книгу.

Проверка Г

See Grammar Sheet 24.

Как говорят по-русски?

1 The hardest subject.

2 The most complicated subject.

3 The easiest subject.

4 The most interesting subject.

5 The most useful subject.

6 The most useful book.

7 The most interesting book.

8 The most useless book.

Задание 19

Здравствуй Джейн!

Как дела? Я надеюсь, что всё у тебя хорошо. Здесь всё нормально.

Джейн, какие твои любимые предметы в школе? Мой любимый предмет – литература. Я люблю и русскую и английскую литературу, хотя надо сказать, что английская литература, конечно, труднее! Ведь, это другой язык! А ты? Ты любишь литературу? Наша учительница русской литературы очень милая – мы все очень любим её. Другие предметы, которые я люблю – это история и музыка. История труднее, чем литература потому что, к сожалению, надо знать очень много фактов! А музыка легче! Музыка – это самый увлекательный предмет!

Я люблю и другие предметы – например географию. География даже труднее, чем история, а всё-таки интересный предмет.

А есть и другие предметы, которые я не люблю – например физика. Это, по-моему, самый скучный предмет. А химия даже хуже! Это самый сложный предмет. Я ничего в нём не понимаю.

Я люблю математику – это легче, чем физика и химия. Экономика тоже полезный предмет, а учитель, к сожалению, очень строгий. А экономика труднее, чем математика.

Самый интересный предмет, как я уже сказала – это русская литература.

Пиши и скажи, какие предметы ты больше всего любишь.

Всего доброго

Валя.

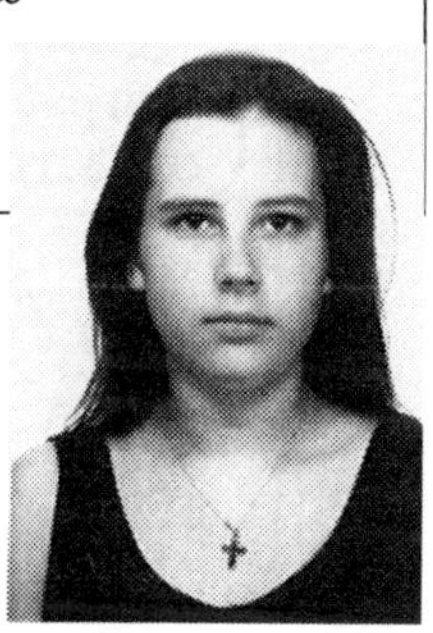

Запишите в тетрадь нужные слова и ответы на вопросы.

1 Любимый предмет Вали – это ________ .

2 Она любит не только русскую, но и ________ литературу.

3 Какая литература труднее, английская или русская?

4 Учительница русской литературы не строгая, а ________ .

5 Валя тоже любит музыку и ________ .

6 История легче, чем литература, или труднее?

7 Валя не любит ________ и ________ .

8 Что она думает о физике?

9 В химии она всё понимает?

10 Что она говорит о математике?

11 Учитель экономики – какой человек?

12 Экономика легче, чем математика?

13 А самый интересный предмет – это ________ .

14 Какой предмет она ненавидит больше всего?

Свободное время

Задание 20

Вы член клуба? Вы играете в спортивной команде? Что вы делаете в свободное время?

Чем эти люди занимаются в свободное время? Соедините разговоры 1–9 и буквы картинок. Например: 1 = з

Задание 21

How about you? Work with your partner and look at the pictures and phrases in *Задание* 20. Make up conversations with your partner, beginning «Чем ты занимаешься?»

Задание 22

Read letter A on page 145.

A Чем Джейн занимается? Закончите эти предложения. Запишите слова в тетрадь.

1 По понедельникам она ________

2 По средам она ________

3 Она слушает ________

4 Она гуляет ________

5 Она ________ с друзьями.

6 По субботам она ходит по ________

7 Когда погода плохая, она ________

8 Она член школьной команды ________

А

Здравствуй Лена!

Как дела? У меня всё хорошо. Ты просила меня рассказать, что я делаю в свободное время, когда я не делаю уроки.

Я очень люблю спорт, и я член школьной команды по нетболу. Мы занимаемся нетболом по понедельникам после занятий; это мне очень нравится. Я также люблю гимнастику, и я член школьного клуба гимнастики. Мы встречаемся по средам. По вечерам я гуляю с собакой после ужина (мой брат тоже помогает с этим), и я также люблю слушать музыку. Я собираю кассеты. У меня их теперь довольно много – и поп-музыка, и классические. По вечерам, когда погода хорошая, я также люблю гулять с друзьями, и по субботам я хожу по магазинам. Когда погода плохая, я люблю вязать.

Всего доброго,

Джейн

Б

Здравствуй Джейн!

Спасибо за твоё письмо. Я была очень рада получить его. Я тоже люблю спорт. Я член нашего городского спортивного клуба и член нашей команды по волейболу. Мы занимаемся волейболом по средам и по субботам. Я люблю гимнастику, как ты, и мне тоже очень нравится плавать. По воскресеньям я хожу с подругами в бассейн.

Я играю на скрипке в оркестре. Мы встречаемся по четвергам. По вечерам, когда погода хорошая, мы с друзьями гуляем по городу, и по субботам мы иногда ездим за город. Когда погода плохая, я люблю читать.

Всего хорошего,

Лена.

Б Прочитайте письмо Б и выберите правильные ответы.

		А	Б	В
1	Лена занимается …			
2	Она ходит в бассейн с …	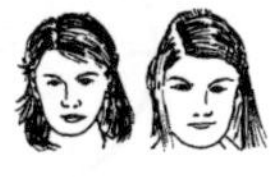	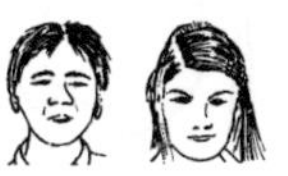	
3	По воскресеньям она ходит …	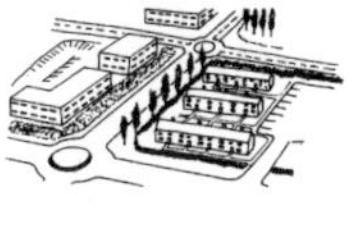		
4	Она играет на …			
5	Она гуляет по городу, когда …			
6	Когда погода плохая, она …		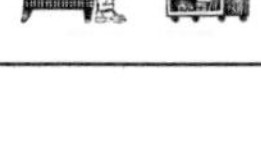	

Проверка Д

Как говорят по-русски?

1 A member of the school.
2 A member of the club.
3 A member of the team.
4 A member of the chess club.
5 A member of the orchestra.
6 A member of the computer club.
7 A member of the tennis club.
8 A member of the school team.
9 A member of the sports team.
10 A member of the football team.

Мой типичный день

Задание 23

Посмотрите на картинки. Напишите предложения **а–м** в правильном порядке, в соответствии с картинками.

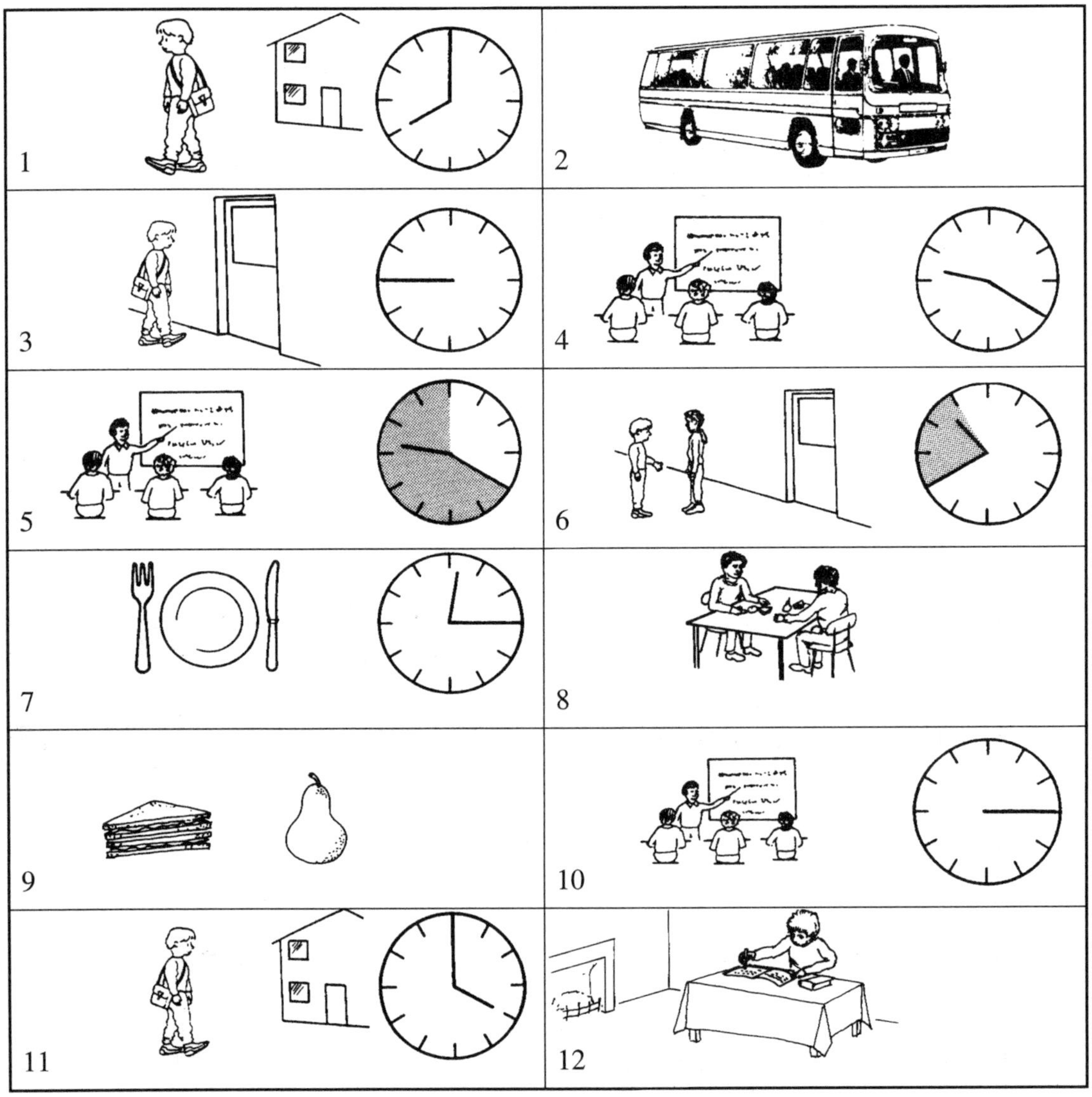

а Урок длится сорок минут.

б Я приезжаю в школу без четверти девять.

в Я отправляюсь в школу в восемь часов.

г Я езжу в школу на автобусе.

д Уроки начинаются в двадцать минут десятого.

е Я ем бутерброды и грушу.

ж Я прихожу домой в четыре часа.

з Уроки кончаются в четверть четвёртого.

и Я обедаю в столовой с друзьями.

к Я делаю домашнее задание.

л В четверть первого начинается обеденный перерыв.

м У нас перемена длится пятнадцать минут.

Задание 24

Pair work. What is your typical day like? Work with a partner and tell each other what you do on a typical day. Use *Задание* 23 to help you.

Задание 25

Напишите письмо о вашем типичном дне. (Посмотрите ещё раз на Задание 23).

Проверка Е

See Grammar Sheets 12 and 5.

Как говорят по-русски? (Use заниматься or интересоваться)

1 I go in for sport.
2 I go in for athletics.
3 I spend time playing tennis.
4 I spend time with computers.
5 What do you spend your time doing?
6 I am interested in tennis.
7 I am interested in music.
8 What are you interested in?
9 I am interested in computers.
10 He spends time on chess.
11 I am interested in cookery.

Задание 26

You have entered a Russian language competition and must prepare a presentation. Prepare an account of how young English people spend their free time. Mention music, sport, television, how often you and your friends go out, where and when you go and any other details you think may be relevant.

Я хочу быть…

Задание 27

Посмотрите на картинки и вы узнаете, как сказать, кем ты хочешь стать.

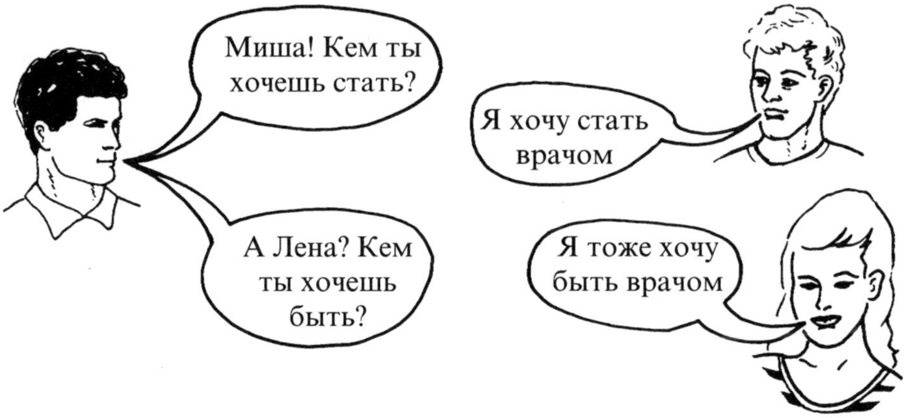

Задание 28

Кем работают эти люди? Выберите ответы из списка справа. Например: 1 = и

1 Он работает в больнице.
2 Она заботится о больных.
3 Он работает на заводе.
4 Она работает с компьютерами.
5 Он работает на ферме.
6 Он строит дома.
7 Она заботится о животных.
8 Она заботится о доме.
9 Он готовит.
10 Она приносит письма.
11 Она работает в лаборатории.
12 Он стрижёт ваши волосы, если они слишком длинные.
13 Идите к ней, если у вас болит зуб.
14 Он строит стены.
15 Он водит грузовик, или машину, или автобус.
16 Он путешествует по фирмам и по магазинам.
17 Она печатает письма на компьютере.
18 Идите к ней, если вы больны.
19 Она учит детей в школе.
20 Он строит машины.

а Он работает поваром.
б Она работает врачом.
в Она работает домохозяйкой.
г Он работает парикмахером.
д Она работает медсестрой.
е Он работает каменщиком.
ж Он работает строителем.
з Она работает зубным врачом.
и Он работает врачом.
к Она работает техником.
л Он работает представителем фирмы.
м Она работает ветеринаром.
н Она работает секретаршей.
о Она работает учительницей.
п Он работает инженером.
р Он работает механиком.
с Она работает программистом.
т Он работает водителем.
у Он работает фермером.
ф Она работает почтальоном.

Задание 29

Кем ты хочешь быть по окончании школы? Соедините:

1 Я хочу работать почтальоном	**а** потому что я люблю животных.
2 Я хочу быть поваром	**б** потому что меня интересует бизнес.
3 Я хочу работать представителем фирмы	**в** потому что я люблю путешествовать.
4 Я хочу стать фермером	**г** потому что я люблю готовить.
5 Я хочу стать инженером	**д** потому что я люблю много ходить.
6 Я хочу быть ветеринаром	**е** потому что я не люблю город.
7 Я хочу работать строителем	**ж** потому что я интересуюсь живописью.
8 Я хочу быть художником	**з** потому что я интересуюсь технологией.
9 Я хочу быть медсестрой	**и** потому что я люблю строить дома.
10 Я хочу стать бизнесменом	**к** потому что я люблю помогать людям.

Проверка Ж

See Grammar Sheet 5.

Как говорят по-русски?

1 He works as a vet.
2 She works as a nurse.
3 He works as a representative.
4 She works as a teacher.
5 What does she work as?
6 I want to be a farmer.
7 I want to be a builder.
8 I want to become a doctor.
9 I want to become an artist.
10 What do you want to be?

Задание 30

Listen to the tape and answer the questions which follow in English.

1 Where did Simon work?
2 Why did he have to leave home early?
3 What *two* things did he do at work?
4 Where did he have lunch?

5 How did David like his job?
6 Where did he work?
7 How did he feel at the end of the day?
8 Which does he prefer – school or work? Why?

9 What did Anna think about her job?
10 What does she want to do after leaving school?
11 What does she think of the headmaster?
12 What did she do at work? Mention *two* things.
13 What did she have for lunch?

14 Where did Emma work?
15 What *two* things must she do to become a doctor?
16 At what time did her job start and finish?
17 What did she do? Mention *two* things.
18 How did she feel about her job?

Задание 31

Pair work. With your partner talk about your own work experience.

Mention:
- when it began
- where you worked
- how you travelled there
- what time work began and finished
- what you did at work
- where you had lunch, what you ate and drank and with whom
- what you thought about your job and why
- whether you prefer school or work and why.

Задание 32

Прочитайте рекламы из русской газеты.

а **Работа**
Ищу девушку на позицию инструктора аэробики.
Тел: 5275471

б **Сотрудничество**
Женская баскетбольная команда, многократный чемпион страны, ищет спонсора. Многообразные предпринимательские возможности.
Тел: 4843687

в **Ищу** партнеров в успешный международный интернет-бизнес. Ваш вклад всего 100 ам. долл. Доход неограниченный, прогрессирующий. Знание или наличие компьютера необязательно. Тел: 9675629

г **Услуги**
Квалифицированные переводы (английский, греческий, русский) в кратчайшие сроки. Легализация документов.
Тел: Ксения 7690537

д **Ищу** партнеров с капиталом для совместного коммерческого проекта в 2002. Организую частный клуб йоги и медитации.
Тел: Виктор 7654098

Кто хочет какую работу?

Например: 1 в

1 Миша много знает о компьютерах и ищет работу.
2 Нина любит спорт. Сейчас она старая, не может играть, но хочет что-то делать.
3 Толя спортсмен. Он футболист и тоже говорит по-немецки. Он хочет работать за границей.
4 Борис изучал иностранные языки в институте. Он хорошо говорит по-французски и по-английски.
5 Валя занимается спортом. Она член спортивного клуба. Она работает в офисе, но хочет стать учительницей физкультуры.
6 Коля жил в Индии. Он довольно богатый и интересуется йогой.

Задание 33

You see the following jobs advertised in your Russian newspaper and decide to apply for one. Write a letter explaining why you would like the job and when you would be able to start. Read the advertisement carefully and make sure you understand what is required.

БП ОЙЛ
Нам требуются динамичные молодые люди
Работа по 6 часов в день, 5 дней в неделю
Вам надо: опыт компьютеров
умение общаться по телефону
умение работать в команде
знание иностранных языков

КОМПАНИЯ ıМАКИТА»
расположенная в г. Химки ищет:

СЕКРЕТАРЯ-РЕСЕПШИОНИСТА
девушка 20–30 лет

Требования
хорошее знание компьютеров
умение быстро печатать
(кириллица/латиница)
предпочтительно знание
английского языка

Резюме по факсу:
444424-7627

Later you receive a rejection from your first choice. Now you must apply again for the other job!

What have you learned?/Чему вы научились?

In this unit you have learned:

How to say how many pupils there are in your school:

У нас в школе	пятьсот тысяча двести тысяча триста	учеников учениц

The ages of pupils from 11 to 18:

С одиннадцати до восемнадцати лет

How to give your opinion about school subjects:

Математика	полезный увлекательный сложный	предмет

The comparative of adjectives. How to compare one subject with another; or to say that A is bigger/smaller etc. than B:

География	интереснее труднее полезнее *легче *лучше *хуже	чем	история

* = irregular

The superlative of adjectives. How to say that something is the **most** difficult, the **most** interesting, the **easiest** etc.:

Самый	увлекательный трудный лёгкий	предмет	– литература

How to say that you are a member of a club or team:

Я член	теннисного компьютерного	клуба
	школьной	команды

How to say how you spend your spare time:

Я занимаюсь увлекаюсь	футболом
	музыкой

How to describe your daily routine:

Я приезжаю в школу без двадцати девять Уроки начинаются в двадцать минут десятого

How to say what you want to be when you leave school:

Я хочу	стать быть работать	программистом
		медсестрой

How to give reasons why:

…потому что	я люблю помогать людям

Remember the words!/Запомните слова!

Nouns

агроно́м	agriculturist
альпини́зм	mountaineering
больно́й	patient (noun)
ветерина́р	veterinary surgeon
взгляд	view, opinion
вид спо́рта	sport, type of sport
внима́ние	attention
води́тель	driver
ВУЗ	higher education college
гимна́зия	type of grammar school in Russia
гора́	hill, mountain
грузови́к	lorry
гру́ша	pear
де́ти (gen. pl. дете́й)	children
домохозя́йка	housewife
жи́вопись	painting
живо́тное	animal, pet
заня́тия (neut. pl.)	lessons
зда́ние	building
зна́ние	knowledge
интерна́т/ шко́ла-интерна́т	boarding school
ка́менщик	bricklayer
колле́ги	colleagues
кома́нда	team
кружо́к (gen. кружка́)	club
лёгкая атле́тика	athletics
маши́нка/ пи́шущая маши́нка	typewriter
ме́сто	place, space, situation
обе́денный переры́в	lunch break
о́бщее собра́ние	assembly
о́зеро (pl. озёра)	lake
океа́н	ocean
окра́ина	outskirts, outlying districts
общеобразова́тельная шко́ла	comprehensive school
о́пыт	experience
о́фис	office
парашю́тный спорт/ парашюти́зм	parachuting
парикма́хер	hairdresser
перево́д	translation
перево́дчик	translator
пе́сня	song
по́вар	cook
покупа́тель	shopper, customer
поря́док	order
представи́тель фи́рмы	representative
рабо́чий день	working day
ра́зница	difference
сме́шанная шко́ла	mixed school
спи́сок (gen. спи́ска)	list
спосо́бность	ability, skill
сре́дняя шко́ла	school in Russia, 7–17 years
строи́тель	builder
те́хник	technician
(клуб) фотолюби́телей	photography club
фе́рмер	farmer
хор	choir
худо́жник	artist
челове́к	person
член	member
эле́ктрик	electrician
ю́ноша	youth (*pers.*), boy

Verbs

води́ть	to drive
встреча́ться	to meet
вяза́ть	to knit
ду́мать (о + prep.)	to think (about)
забо́титься (о + prep.)	to be concerned, worried (about)
занима́ться (+ inst.)	to be engaged in, to do
знать	to know
интересова́ться (+ inst.)	to be interested in
иска́ть (ищу)	to look for, search
конча́ться (imperf.)	to end, finish
наде́яться	to hope
нача́ться (perf.)	to start, begin
нра́виться	to please
обсужда́ть	to discuss
переводи́ть	to translate
переда́ть по фа́ксу	to send a fax
петь/спеть	to sing
плати́ть	to pay
поднима́ть/подня́ть	to lift, raise
помога́ть/помо́чь	to help
понима́ть/поня́ть	to understand
поступа́ть/поступи́ть	to go up to, to enter
в университе́т	to enter university
пригото́вить чай и ко́фе	to make tea and coffee
приноси́ть/принести́	to bring
приезжа́ть/прие́хать	to arrive (by transport)
приходи́ть/прийти́	to arrive (on foot)
проводи́ть/провести́	to spend (time)
проси́ть	to ask (favour, help)
пры́гать/пры́гнуть	to jump
путеше́ствовать	to travel, travel about
расска́зывать/рассказа́ть	to tell, relate
сдава́ть экза́мен	to take, sit an exam
сдать экза́мен	to pass an exam
сказа́ть perf.	to say
снять фотоко́пию	to take a photocopy
стать (+ inst.)	to become
стро́ить/постро́ить	to build
стричь (стригу́, стрижёшь, стригу́т)	to cut, clip (hair, nails)

тренирова́ться (трениру́юсь)	to train, practise
увлека́ться (+ instr.)	to be fascinated by
уча́ствовать (уча́ствую) в + prep.	to take part in
учи́ться (учу́сь, у́чишься)	to learn, study, be a pupil
шить (шью, шьёшь)/ сшить	to sew

Adjectives

беспла́тный	free of charge
бесполе́зный	useless
бога́тый	rich, wealthy
больно́й	sick
ва́жный	important
великоле́пный	great, wonderful
вы́ше	higher
глубо́кий	deep
госуда́рственный	state, to do with the state
граммати́ческий	grammar, grammatical
двойно́й	double
до́брый	kind
друго́й	other, the other
зи́мний	wintry, to do with winter
изве́стный	famous, well known
иностра́нный	foreign
интере́снее	(it is) more interesting
како́й-нибудь	any, any sort of
лёгкий	light
ми́лый	dear, nice
мла́дший	younger, youngest, junior
опа́сный	dangerous
пла́тный	paying
поле́зный	useful
просто́й	simple
про́ще	simpler, easier
са́мый (трудный)	the most (difficult)
ску́чный	boring
скучне́е	more boring
сло́жный	complicated
сре́дний	middle, average
ста́рший	older, senior
стро́гий	strict, stern
типи́чный	typical
трудный	difficult
увлека́тельный	fascinating
ужа́сный	dreadful
у́мный	intelligent
ху́же	worse, it's worse
ча́стный	private

Adverbs

наза́д	ago
приме́рно	approximately
ра́ньше	earlier, previously
соверше́нно	completely

Conjunctions

хотя́	although
что́бы (+ inf.)	in order to

Prepositions

вне (+ gen.)	outside of
из (+ gen.)	out of
о/об/обо (+ prep.)	about, concerning
по́сле (+ gen.)	after
с (+ gen.)	from (time)

Phrases

всего́ до́брого	all the best
всё-таки	all the same
гото́виться к экза́мену	to prepare for an exam
должно́ быть	it must be, probably
за грани́цу / за грани́цей	abroad
и… и…	both… and…
ката́ться	
на велосипе́де	to go cycling
на лы́жах	skiing
на ло́дке	boating, sailing
кем	as whom
легко́	(it is) easy
ле́гче	(it is) easier
лу́чше	(it is) better
ма́ло (+ gen.)	few, not many
не пра́вда ли?	isn't it? aren't they? isn't that so?
ничего́	nothing
норма́льно	as normal, all right
отвеча́ть/ отве́тить на вопро́с	to answer a question
печа́тать на маши́нке	to type
пра́вильно/ непра́вильно	correct, right, that is right/not right
постро́ен/а/о/ы	built
ско́лько вре́мени…?	how long, how much time?
сложне́е	it's more complicated
тот же са́мый	the same one
тру́дно сказа́ть	it is difficult to say
чем	1. than; 2. with what
че́стно говоря́	to be honest, speaking honestly
я счита́ю, что	I think that…

Useful phrases for formal letters

увжаемый/ая/ые	dear (respected)
спасибо за внимание/письмо	thank you for your attention/letter
я получил(а) Ваше письмо	I received your letter
надеюсь на скорый ответ	I look forward to your speedy reply
с уважением	yours sincerely (with respect)